유브라데 강을 넘어

일러두기 - 이 책에서는 '유프라테스 강'의 표기를 한글성경 개역개정판에 따라
'유브라데 강'으로 통일하였다.

유브라데
강을 넘어

윤성철

규장

주님의 방법이 우리의 대안이다

하나님을 떠난 세상은 이미 오래전부터 조직적으로 그들만의 구조(structure)와 시스템(system)을 건설했고 마치 하나님이 없는 것처럼 살아가고 있다. 그렇다면 이제 그 가운데 믿음의 여정을 가고자 하는 우리는 과연 어떻게 살아야 하는가? 이것이 이 책을 쓰게 된 배경이다.

믿음이 없어서가 아니라 믿음 자체가 작동하지 않을 것 같은 세상, 하나님을 떠나 세운 이 거대한 구조와 시스템 안에서 어떻게 우리가 믿음이라는 것을 발휘하며 살 수 있을지 사실 만만하지는 않다.

그러나 성경을 자세히 보면, 믿음의 사람들이 대하는 세상이라는 판(板) 자체는 항상 변함이 없다. 세상은 골리앗과 같이 서 있고, 믿음의 사람은 초라한 다윗과 같이 그 앞에 맞서게 된다. 그러나 길게 설득하고 도전할 필요도 없이 결과는 늘 믿음이 이겨왔다. 그렇기 때문에 우리는 거대할 대로 거대해진 이 세상이라는 판 안에서 여전히 믿음이라는 삶의 원리를 따라 살아갈 수 있는 것이다.

세상이라는 판을 이기려면 판의 원리를 초월하는 하나님의 원리가 절대적으로 필요하다. 그런데도 같은 판 안에서 더 강하고 더 센 것을 준비해야 한다는 식의 논리라면 이것은 사실 성경적이지 않고 성경적 역사에서도 찾아볼 수 없다. 현대판 포스트모더니즘이 만들어내고 기독교라는 옷을 덧입은 주장이며 실상은 가짜다.

만약 이런 주장이 성경적이라면 하나님이 각 시대마다 택하신 대다수의 사람들이 어떻게 그렇게 별 볼 일 없는 사람들이었겠는가? 그리고 예수님이 왜 가난한 목수의 아들로 오셨겠는가? 예수님이 무엇 때문에 실력도 좋고 이미 높은 자리에 있는 자들을 불러서 그들을 제자로 세우지 않으셨겠는가? 또한 제자들에게 그런 자리에 도전할 만한 실력을 키우라고 가르치지 않으셨겠는가?

그런데 그렇다면 우리는 왜 이런 주장에 쉽게 설득당했던 것인가? 이유는 간단하다. 이미 잘 짜인 구조와 시스템 안에서 살아남기에 급급한 나머지 그 판에 길들여진 생각의 한계를 뛰어넘지 못하기 때문이다.

그러나 우리는 판을 초월해야 한다. 이 땅에 발을 딛고 살지만 세상이라는 판을 초월하는 성경적 방법, 주님의 방법이 곧 대안이다. 이 방법은 놀랍게도 반전의 방법이다. 항상 진 것 같고, 무너진 것 같고, 없어진 것 같고, 초라하게 끝나버린 것 같지만 겨자씨같이, 누룩같이 때가 되면 자라서 가장 큰 나무가 되고 열매를 맺는다.

하나님은 그 여정으로 우리를 초청하시고 우리와 동행해주신다. 하나님이 동행해주시는 삶, 이것이 이 시대의 판을 돌파하며 살아가는 우리의 유일한 대안이다.

만부장 윤성철

프롤로그

PART 4

유브라데 강을 넘어
하나님의 초청

PART 5

가나안 땅으로
하나님의 테스트

PART 6

모리아 산까지
하나님의 동행

에필로그

PART 1

동산을 떠나다

: 하나님을 떠난 세상

CHAPTER 1

두려움

이 시대를 살아가고 있는 현대인들의 영적, 심적 상태를 한마디로 정의한다면 '두려움'이라고 할 수 있다. 두려움을 일으키는 외적 요인들은 많다. 예를 들면 재정의 어려움, 건강, 관계와 자녀의 문제 그리고 삶의 현장에서 본질적으로 해결되지 않은 실제적인 문제들과 불확실한 미래가 현대인들을 끊임없이 근심하고 두렵게 만든다.

그런데 이런 두려움은 외적인 요소로부터 나오는 것이 아니라 본질적으로 우리 안에 내재되어 있다. 내재되어 있던 두려움이 외적인 요소들에 의해 드러날 뿐 두려움은 본질적으로 우리 안에서 시작된다.

우리 안에 내재된 두려움은 하나님으로부터 떨어져 나온 '임재의 부재'에서 나온 영적, 심적 상태를 반영하는 것으로 성경적으로 이것을 '고아의 영'이라고 부른다. 우리의 뿌리와 근원이 되시는 하나님으로부터 떨어져 나와 버려진, 외로움과 두려움에 잡혀 있는 심령, 이것이 고아의 영이다. 이 고아의 영은 믿지 않는 사람들에게도 그렇지만, 믿는다고 하는 하나님의 자녀들에게도 해결되지 않고 남아 있어서 그 결과 많은 문제의 근원으로 나타나는 것을 볼 수 있다.

하나님의 자녀됨에 대한 불확신

고아의 영의 근본적인 문제는 진정한 안식을 누릴 수 없다는 것이다. 마치 부모님의 따스한 사랑과 보호를 떠난 아이들이 늘 불안해하는 것처럼 아무리 좋은 것으로 풍성히 채운다 해도 이 문제를 해결하지는 못한다. 진정한 안식의 회복은 예수 그리스도의 십자가의 복음을 믿고 하나님께로 돌아가 자녀됨의 확신을 얻어야만 가능하다.

그러나 믿는 자들 중 상당수가 복음을 믿고 거듭났다고 고백하면서도 그리스도 예수 안에서 거듭난 하나님의 자녀로서의 정체성에 대한 확신이 흔들릴 때마다 안타깝게도 이 고아의 영으로 괴로워한다.

왜 그런가? 여기에 내적인 요소와 외적인 요소가 있는데, 내적 요소로는 자신 안에 여전히 남아 있는 죄성과 연약함으로 인해 잘못된 행동과 실수가 반복될 때마다 존재의 의미와 가치가 흔들리기 때문이다. "이렇게 사는데도 내가 과연 하나님의 자녀라고 할 수 있는가?" 하는 회의에 빠져 속절없이 휘청거리는 것이다. 외적 요소로는 세상이라는 거대한 시스템이 세상의 잣대로 "우리가 어떤 존재인가?"라고 하는 평가를 폭력적으로 행사할 때 그 앞에서 끽소리도 내지 못하고 무너진다는 것이다.

그러나 복음의 진리에 대한 분명한 믿음, 흔들리지 않는 정체성을 가진 사람은 자신이 얼마나 놀라운 아버지의 사랑과 은혜를 받은 자인지, 그러므로 얼마나 소중하고 가치 있는 존재인지를 확신하고 자유한다.

진리를 알지니 진리가 너희를 자유롭게 하리라

요 8:32

CHAPTER 2

존재의 의미

존재의 의미는 우리가 무엇을 해서 주어지는 것이 아니다. 한 아이가 태어나고 인격적인 존재가 되었을 때 그 아이는 무엇을 해서 그렇게 존재하는 것이 아니다. 그 아이가 존재할 수 있도록 모든 것을 다 하는 것은 사실 아이의 부모다. 태어난 아이의 정체성, 즉 부모의 사랑받는 자녀됨은 아이의 어떠함과 상관없이 영원히 변하지 않는다.

복음으로 말미암아 거듭난다는 것이 정확히 이런 의미이다. 우리가 거듭나기 위해, 그래서 새로운 존재가 되기 위해 할 수 있는 것은 아무것도 없으며 무언가 더할 수 있는 것도 없다. 어떠한 일을 통해 더 나은 존재로 변화되는 것도 아니다. 우리는 아버지 하나님께서 예수님을 통하여 행하신 모든 일들을 받아 누림으로써 새로운 존재로 이미 거듭났다. 그렇게 거듭난 내가 나의 새로운 정체성에 맞게 산다는 것은 나의 정체성을 확인하는 것이지, 뭔가 훌륭하고 대단한 일을 해서 다른 존재가 되는 것이 아니다.

거듭났는가? 정말 주님의 십자가의 복음을 믿고 받아들임으로써 나의 모든 죄가 사함을 받아 죄인에서 의인으로, 심판의 대상에서 의의 상급을 받을 대상으로, 그리고 멸망할 존재에서 영원한 생명을 가진 자로 새롭게 태어났음을 확신하는가? 그렇다면 당신은 아버지 하나님의 존귀하고 사랑받는 자녀이다. 그분은 지금도 당신과 함께하신다. 이 진리를 받아들여라.

그리고 두려워하거나 걱정하지 말라! 세상을 이기신 그분이 당신의 주님이시고 지금도 당신과 함께하시기 때문이다. 이것이 우리를 모든 염려와 두려움에서 자유케 한다. 이것이 복음 안에서 발견된 새로운 존재론적 의미, 하나님의 자녀됨의 정체성이다.

완전히 새로운 존재의 가치 기준

거듭난 나는 이 세상이 아닌 하늘의 가치에 속한 존재가 된다. 불완전하고 한시적인 세상 기준으로는 더 이상 평가 자체가 불가능한, 완전하고 영원한 하나님나라에 속한 존재이다. 세상의 잣대를 갖다 댈 수 없는 존재라는 말이다.

그런데 그런 내가 왜 세상이라는 불완전하고 폭력적인 평가에 목을 매는가? 그것은 마치 값을 매길 수 없는 최고가의 보석을 고물상에 가지고 가서 "얼마에요? 많이 쳐주세요"라고 애걸하는 것과 같다. 그가 어떻게 평가를 내리겠는가? 무게로? 크기로? 이것이 바로 세상의 가치 척도이다. 하나님의 존귀한 자녀들을 이 세상 성공의 크기, 사람들이 말하는 인기와 명성의 무게로 어떻게 평가할 수 있는가?

그러나 우리는 이런 기막힌 일들을 정신없이 하고 있다. 평가가 나올 리 없다. 평가 기준 자체가 달라야 하는 완전히 새로운 존재이기 때문이다.

그러므로 자유하라. 세상의 모든 평가와 기준으로부터 자유하라. 나는 이미 그렇게 평가할 수 없는 존재가 되었기 때문이다!

CHAPTER 3

죄의 근원

그렇다면 어떻게 해서 이토록 소중한 존재였던 우리가 하나님
으로부터 떨어져 나와 고아의 영으로 말미암아 두려움에 갇혀
살게 되었는가? 성경은 우리가 하나님으로부터 떨어져 나오
게 된 근본 원인이 '죄'에 있다고 말한다. 물론 안다. 그리스도
인들을 포함한 현대인들은 죄에 대한 언급을 달가워하지 않는
다. 지금 때가 어느 때인데 시시콜콜 그런 전근대적인 개념으
로 사람을 옭아매려 하느냐는 반응일 것이다. 그러나 이 죄의
해결만이 우리 안에 있는 두려움의 문제를 근본적으로 해결하
는 유일한 길임을 성경은 말씀하고 있다.

사람은 하나님의 형상이다

우리가 이것을 좀 더 자세히 살펴보려면 창세(創世) 때로 돌

아가야 한다. 성경은 하나님께서 세상에 존재하는 모든 것을 창조하시고 마지막으로 하나님의 형상으로 사람을 창조하셨다고 말씀한다. 여기서 말하는 '하나님의 형상'은 하나님 안에 존재한 모습이 구체적으로 형상화 되었을 때 사람이 되었다는 표현으로, 사람이 다른 피조물과 다른 점, 사람 안에 있는 구별됨을 의미한다.

이 구별됨을 가장 쉽게 '인격적 존재'라고 말한다. 사람은 지정의(知情意)를 통해 사고하고 느끼고 결정하여, '언어'라는 독특한 방식을 통해 구체적으로 표현하고, 하나님과 그것을 나눌 수 있는 유일한 피조물이다. 흔히 동물들 사이에 주고받는 신호가 생존 본능을 위한 단순한 표현인데 반해, 마음의 깊은 것들을 구체적이고 세밀하게 나눌 수 있는 것은 사람이 유일하다.

사람의 뇌와 원숭이의 뇌 구조가 매우 흡사하다는 재미있는 생물학적 결과가 있다. 그렇다면 생물학적 결과에 따라 원숭이도 사람만큼의 수준은 아니더라도 사람이 구사하는 최소한의 언어 정도는 할 수 있어야 하는데, 실상은 전혀 그렇지 못하다. 이유는 간단하다. 하나님께서 그렇게 창조하시지 않았다.

더욱이 하나님은 사람에게 생기를 불어넣어 사람이 생령(生靈)이 되도록 하셨다. 즉 사람은 영적인 존재라는 것이다. 역사적인 유적 유물들을 살펴보면 사람은 초월적인, 그리고 영적인 누군가를, 또는 무언가를 끊임없이 숭배해왔다. 왜? 그렇게 하도록 창조되었기 때문이다. 다만 숭배의 대상이 하나님이 아닐 때 성경에서 이미 언급한 대로 사람들은 끊임없이 피조물이나 그것의 형상을 만들어 숭배하는 것을 볼 수 있다.

그런 면에서 모든 사람은 예배자이다. 다만 예배의 대상이 다를 뿐이다. 어떤 사람들은 자신은 무신론자로서 하나님도 부처님도 믿지 않는다고 말한다. 그러나 실상 그들이 믿고 있는 것은 신(神)이라고 이름하는 대상이 아닐 뿐, 결국 그들은 자신의 신념 가운데 형성된 세상의 가치와 학문 그리고 사조들을 숭배한다. 그 끝은 그것들을 주장하는 사람들의 자기숭배 사상에 닿아 있다. 결국 우리는 누군가를, 그리고 무언가를 숭배한다. 결코 여기서 아무도 자유로울 수 없다.

창조 후 하나님은 우리가 창조주 하나님과의 영적, 인격적 교제를 통해 교통할 수 있도록 하셨다. 고아처럼 외로이 버려진 존재가 아니라 하나님과의 풍성한 교통을 통해 삶의 은혜를 누리도록 하신 것이다. 하나님과 함께 동산을 거닐기도 하고, 모든 동물의 이름도 직접 지어주고, 땅을 정복하고, 모든 생물들을 다스리는 권세도 부여받았다.

사람은 하나님은 아니다

사람이 하나님의 형상을 가지고 하나님이 주신 권위로 모든 것을 다스릴 수 있었지만, 다만 하나님은 하나님과 사람 사이를 명확히 구분하시기 위해서 사람이 넘지 말아야 할 선을 두셨다. 그것이 동산에 두신 선악을 알게 하는 나무이다. 그 나무를 중심으로 하나님은 사람 위에 계신 권위로서 명령하고 다스리시는 분임을 알게 하셨고, 사람은 하나님의 그 권위 아래 순복함으로써 자신이 '하나님'이 아닌 '피조물'인 것을 기억하도록 하셨다.

그렇다고 맹목적인 복종을 요구하신 것이 아니다. 쉽게 말해서 복종할 수밖에 없도록 구조나 시스템적으로 디자인 (design) 하신 것이 아니라는 말이다. 앞서 언급한 대로 하나님은 사람을 자신의 지정의를 통해 하나님의 명령에 순종과 불순종을 선택할 수 있는 인격적인 존재로 창조하셨다. 이 인격적인 요구가 성립되지 않는 존재와는 인격적인 교제를 가질 수 없다. 하나님께서 다른 피조물과 달리 사람을 하나님의 형상으로 창조하신 이유는 그분과의 인격적인 교통을 원하셨기 때문이다.

만약 당신이 누군가를 비인격적으로 대한다고 하자. 그 과정은 매우 간단하다. 더 이상 그 사람에게 선택할 수 있는 기회를 주지 않는 것이다. 가령 아이를 비인격적으로 대할 때

"잔말 말고 시키는 대로 해", "주는 대로 그냥 먹어" 우리는 이렇게 표현한다.

또한 누군가를 비인격적으로 대하는 것은 그가 구조나 제도적으로 선택할 수 없도록 하는 것이다. 이것은 마치 인격적 권한을 가진 사람이 그 권한을 잘못 사용할 경우, 그 권한을 박탈하고 그 사람을 감옥이라는 곳으로 보내는 것과 같다. 그곳에서는 이름 대신 번호를 준다. 할 수 있는 모든 것을 그의 선택에 맡기지 않고 강제적으로 집행한다. 언제 일어나는지, 언제 밥을 먹고 쉬는지 모든 것을 통제한다. 그 과정을 통해 자신에게 주어진 선택의 권한을 잘못 사용한 대가를 치르고 배우도록 하는 것이다.

이러한 결과는 우리 인류에게도 일어났다. 사람은 하나님의 창조 질서 안에서 하나님의 권위에 순복하며, 인격적인 교통을 통해 안식과 기쁨을 누리며, 모든 피조물을 다스릴 수 있는 권위를 부여받았다. 문제의 발단은 사람 스스로가 하나님이 세우신 창조의 질서를 깨뜨리며 하나님의 권위에서 벗어나 스스로 독립적인 존재가 되고자 하나님을 불순종한 것이다. 그 결과 피조세계 안으로 죄가 들어오게 된다. 즉 하나님이 넘지 말라고 한 선을 넘어 하나님의 질서를 깨뜨린 것이다.

성경에서는 사람이 그 질서를 깨뜨린 이유를 이렇게 말한다.

하나님과 같이 되어 선악을 알 줄

하나님이 아심이니라

창 3:5

여기서 우리는 사람이 넘고자 했던 죄의 근원이 바로 하나
님이 되려는 것이었음을 알 수 있다.

CHAPTER 4

눈이 밝아진 결과

성경은 하나님과 같이 되는 것을 가리켜 구체적으로, 선악을 아는 것이라고 표현하고 있는데 히브리 원어적인 의미는 단순히 아는 것이 아닌 분별 또는 판단하는 것을 포함한다. 즉 선과 악을 자기 스스로 분별하고 판단하는 자가 된다는 것이다. 하나님이 두신 절대적인 선과 악의 기준을 넘어 스스로 무엇이 선이고 무엇이 악인지 판단하는 자가 되어 더 이상 하나님의 간섭과 권위 아래 있기를 거부하는 것이다.

그 결과 선과 악을 분별하고 판단하는 자가 되었는가? 놀랍게도 되었다! 그러나 그 결과는 혼란이다. 절대적인 하나님의 기준을 떠나 스스로 선악을 분별하는 자가 되려다보니, 무엇을 기준으로 선과 악을 구분해야 할지 모호해지는 문제가 생겼다. 이것이 혼돈과 무질서이다.

죄로 인하여 분리된 사람의 영적, 심적 상태는 하나님의 속박으로부터 벗어나 완전한 자유를 누리게 되었는가? 오히려 그 반대다. 앞서 말한 그대로 죄는 하나님과 우리 사이를 분리시켰고, 하나님으로부터 분리된 사람의 영적, 심적 상태는 혼돈 그 자체가 되었으며 결론적으로 극심한 두려움에 잡히게 되었다.

정말 밝아진 것은?

아담과 하와가 죄를 지은 후 일어난 사건은 뱀이 유혹한 그대로였다.

> 너희 눈이 밝아져 하나님과 같이 되어
> 선악을 알 줄 하나님이 아심이니라
> 창 3:5

"선악과를 먹는 순간 눈이 밝아질 것이고, 그 밝아진 눈을 통해 하나님과 같이 될 것이고, 결과적으로 너희도 선악을 판단하는 자가 될 것이다." 이것이 뱀의 유혹의 핵심이었다. 그래서 결과적으로 저들의 눈이 밝아졌는가? 밝아졌다.

> 이에 그들의 눈이 밝아져 자기들이 벗은 줄을 알고

무화과나무 잎을 엮어 치마로 삼았더라

창 3:7

그런데 밝아지자마자 저들이 깨달은 것은 자신들의 벌거벗은 모습이었다. 그전에 벗지 않았다거나 그렇게 보이지 않다가 갑자기 벗은 것이 보인 것인가? 아니다. 그전에도 벗었고 벗은 모습으로 하나님 앞에 나아가는 것이 아무 문제가 되지 않았다. 그런데 왜 갑자기 눈이 밝아져서 자기들의 벗은 것을 발견하고, 무화과나무 잎을 엮어 치마를 만들고, 하나님이 부르시자 나무 사이에 숨었는가? 무엇이 문제인가? 그전에도 벗었지 않은가? 왜 갑자기 난리를 떠느냐 말이다.

문제는 벗은 상태를 어떻게 평가할 것인가에 대한 인식, 즉 보는 눈이 새롭게 열렸다는 것이다. 안타깝게도 하나님께 불순종하고 선악과를 먹는 순간 사람은 죄의 영향으로 불완전하고 왜곡된 눈이 열리게 된다. 이전에는 아무 문제가 되지 않던 것이 이제는 수치스럽고, 그 모습으로 하나님 앞에 나아가는 것이 두렵고, 그래서 무화과나무 잎으로 가린 것이다.

나의 무화과나무 잎

하나님이 부르시자 숨어 있던 아담이 하나님께 다음과 같이 대답한다.

내가 벗었으므로 두려워하여 숨었나이다

창 3:10

여기서 일어난 사건은 두 가지이다. 먼저 벗은 것에 대한 새로운 인식의 눈이 열렸으나 안타깝게도 하나님의 기준과는 전혀 다르게 수치와 두려움이 일어난 것이다. 더 안타까운 것은 그것을 해결하고자 그들이 한 최선은 무화과나무 잎을 엮어 치마를 만들어서 몸을 가렸다는 것이다. 아니 그런다고 가려지느냐 말이다.

이 두려움은 그때나 지금이나 마찬가지다. 현대인들이 가장 두려워하는 것이 무엇인가? 자신의 연약함과 수치가 낱낱이 벌거벗겨져 자신의 벗은 모습이 드러나는 것이다. 그래서 자신의 수치와 연약함을 가리기 위해 몸부림친다.

한국 사회에서 젊은 세대들은 '스펙'(spec)이라는 무화과나무 잎으로 자신의 수치를 가리느라 정신이 없고, 기성세대들은 '성공'이라는 무화과나무 잎으로 자신의 연약한 무언가를 가리기 위해 끊임없이 몸부림친다. 원래 자유함으로 문제가 되지 않던 것이 이제는 문제가 되어버렸고, 그들이 가리기 위해 사용한 스펙과 성공이라는 무화과나무 잎은 금세 마르고 사라지기 때문에 현대인들은 또 다른 이름의 무화과나무 잎으로 계속해서 자신의 벗은 몸을 가리기 위해 애쓴다.

눈이 열려서 좋은가? 하나님의 간섭으로부터 독립하여 자유로운가? 오히려 반대다. 이 수치심과 두려움이 끊임없이 현대인들을 속박한다. 반대로 수치심과 두려움이 조금이나마 해결되면 사람들은 급변한다. 수치심과 두려움은 금세 자랑과 교만으로 충만해진다. 사실 이 두 가지는 같은 것이다. 죄로 인해 열린 눈이다. 잘못되고 비뚤어진 인식의 눈, 관점이다.

많은 사람들이 나누는 대화의 핵심이 무엇인가? 자신의 벗은 몸을 무엇으로 가렸는가에 모든 초점이 맞추어져 있다. 당신은 어떤가? 지금도 자신의 수치를 가리기 위해 몸부림치다가 무언가로 가릴 수 있는 무화과나무 잎을 발견하기만 하면 금세 교만해지고 담대해지지는 않는가? 자신을 가려주는 무성한 무화과나무 잎을 자랑하느라 여념이 없지 않은가? 하지만 시간이 지나고 그 무화과나무 잎이 마르면 다시 수치와 두려움에 잡혀 산다. 이 반복의 굴레를 자유라고 하는데 이것이 자유인가? 정말 안타까운 현실이다.

나의 수치와 연약함을 가려주시는 예수님

수치심과 두려움 때문에 숨는 아담과 하와를 위해 하나님은 무화과나무 잎과는 대조적인 가죽옷을 입혀주신다.

여호와 하나님이 아담과 그의 아내를 위하여

가죽옷을 지어 입히시니라

창 3:21

이 사건이 우리가 잘 아는 원시복음이다. 아담과 하와의 수치와 두려움을 가려주기 위해 피 흘려 가죽옷을 입혀주신 이 사건이 바로 예수 그리스도의 피 흘림을 통해 우리의 영원한 수치와 두려움을 가려주실 사건에 대한 예표(豫表)였다. 예수 그리스도의 십자가 복음을 통해 하나님의 자녀로 거듭난 우리는 다른 존재가 되었기 때문에 이 두려움으로부터 자유할 수 있다.

사실 아무것도 바뀐 것은 없다. 그러나 우리를 덮고 있던 죄의 관점이 벗어지고 영의 관점이 새롭게 열린 것이다. 복음으로 거듭난 그리스도인은 자신의 어떠함 또는 수치와 연약함과 상관없이 하나님의 사랑을 받는 자, 존귀한 자로 인정받았음을 볼 수 있는 영의 눈이 열려 더 이상 수치스럽거나 두렵지 않다. 나의 존재를 더 의미 있고 고상하게 만들어줄 어떤 무화과나무 잎도 더 이상 필요 없는 놀라운 존재로 거듭났기 때문에 자유하다. 이전에 나의 모든 수치와 연약함이 오히려 놀라운 하나님의 역사를 위한 간증의 통로가 되지, 그런 것들이 더 이상 나를 평가하는 기준이 될 수는 없다. 예수 그리스도만이 나의 모든 평가의 기준이 되신다.

이것이 복음의 진리가 주는 자유함이다. 그리고 이 자유로 말미암아 우리는 평강을 누리는 것이다. 건강하고 성경적인 사람은 세상의 평가와 기준 자체를 초월한다. 그것으로부터 자유하다. 이 자유한 상태를 평강이라고 하고, 이 평강 가운데 있는 자들의 심령 안에서 흘러넘치는 것이 기쁨이다.

마찬가지로 가장 건강하고 성경적인 공동체는 지체들이 더이상 자신의 연약함과 부끄러움이 드러날까 봐 두려워할 필요가 없는 공동체이다. 이전에 나는 부끄럽고 수치스러운 존재였을지 몰라도 지금의 나는 아니다. 나는 예수 안에서 새롭게 태어난 소중하고 가치 있고 사랑받는 존재다. 지금 나는 나에게 이 새로운 정체성을 주신 아버지 하나님의 뜻에 따라 은혜로 사는 것이다.

건강하고 성경적인 공동체는 함께 모일 때마다 상대가 나를 어떻게 생각할지 염려하거나 두려워하지 않는다. 자연스럽게 깊은 나눔과 사랑과 격려가 가능하다. 모임 안에 진리로 말미암은 자유가 있고 이 자유 가운데 모인 모든 사람들이 화평과 기쁨을 누린다. 그러니 사람들이 그 모임에 가고 싶고 함께하고 싶어 하는 것이다. 지금 우리의 모임은 어떤가?

복음으로 누리는 자유와 평강

오래전 큰 죄를 짓고 교수형을 선고받은 죄인이 극적으로 주님의 복음을 믿고 거듭나서 완전히 변화되었다. 교도소 안의 모든 상황과 환경은 아무것도 바뀐 것이 없지만 십자가의 사랑으로 그 자신이 바뀐 것이다. 형장에서 그의 모든 죄가 열거되었고 마지막으로 할 말이 있는지 물었을 때 그는 눈물로 자기 죄를 고백하며 용서를 구했다. 그리고 다음과 같이 고백하였다.

"그러나 나는 예수 안에서 용서받은 자입니다. 주님이 저를 죄인에서 의인으로 바꾸어주셨습니다. 그러므로 저는 더 이상 죄인이 아닙니다. 그리고 주님이 저를 자유케 해주셨습니다."

이 고백 이후 자신이 누린 복음을 그 자리에 있는 모든 사람에게 나누고 평온히 형(刑)을 받았다고 한다. 이 형제는 복음이 무엇인지 정확하게 알고 마지막 순간 그 복음 안에서 자유하며 안식한 것이다.

복음은 우리를 자유케 한다. 죄로 얽매였던 모든 사슬들이 끊어지며 복음의 은혜로 자유하며 평강을 누리게 된다. 모든 상황과 환경은 그대로지만 그 자신이 거듭남으로 세상이 바뀐 것이다. 세상을 거듭나도록 하는 것이 아니라 복음 안에서 내가 거듭나는 것이다. 그리고 거듭난 나를 통해 세상이 바뀌어 간다.

거듭나지 않은 자들이 세상을 바꾸려고 하다보니 문제가 많이 일어나는 것이다. 하버드대학교 교수인 마이클 샌델

(Michael Sandel)이 쓴 《정의란 무엇인가?》(와이즈베리)라는 책이 베스트셀러가 되면서 많은 사람들이 어떻게 이 사회에 정의를 이룰 수 있을지 관심을 보이기 시작했다. 나도 이 책을 사서 읽어보았지만 결론은 저자도 정의가 무엇인지 모르는 것 같았다. 결국 정의(正義)가 무엇인지 정의(定義) 내리기 위해서는 여러 가지 많은 것을 고려하고 통합하여 함께 고민해야 한다는 것이었다.

그러나 성경에서 말하는 정의는 간단하다. 하나님의 의(義), 즉 죄인인 우리를 사랑으로 구원하여 의인 되게 하신 은혜를 경험한 자들이 삶 가운데 그 은혜를 따라 살아갈 때 정의는 회복된다. 하나님의 의를 복음 안에서 경험한 자들만이 정의를 풀어낼 수 있는 것이다. 그래서 믿는 자들이 세상의 빛이며 소금이다.

|

CHAPTER 5

믿음의 제사

안타깝게도 하나님과 같이 되고자 했던 아담과 하와에서 시작된 죄 문제는 그들의 다음 세대에 가서 더 발전한다. 처음에는 단순한 불순종에서 시작한 죄가 그들의 다음 세대인 가인과 아벨에서 비뚤어지고 왜곡된 관점과 인식으로 시기와 경쟁, 급기야 살인으로 이어진다. 자신 안에 있는 내면의 문제를 해결하는 대신 시기와 경쟁의 대상이라고 여긴 아벨을 죽인 가인은 다시 극도의 두려움에 잡히게 된다. 이처럼 죄는 끊임없이 우리의 생각과 관점을 비틀어서 두렵게 만든다.

가인이 여호와께 아뢰되

내 죄벌이 지기가 너무 무거우니이다

주께서 오늘 이 지면에서 나를 쫓아내시온즉

내가 주의 낯을 뵈옵지 못하리니

내가 땅에서 피하며 유리하는 자가 될지라

무릇 나를 만나는 자마다 나를 죽이겠나이다

창 4:13,14

여기에 죄로 인해 하나님을 떠난 인류가 가진 최종적인 두려움이 잘 나타나 있다. 두려움의 끝은 '죽음'이다. 성경에서 말한 그대로, 죄로 인해 하나님으로부터 분리된 두려움의 끝은 결국 사망이다. 그러나 하나님은 그리스도 예수 안에서 죄와 죽음의 권세를 깨뜨리고 의와 생명으로 회복할 수 있는 길을 열어주셨다.

또한 하나님은 2천 년 전 예수님을 보내주시는 것으로, 궁여지책으로 시급하게 이 구원의 회복을 생각해내신 것이 아니다. 창세기를 보면 하나님께 죄를 지은 아담과 하와를 쫓아내실 때에도 하나님은 죄인이 하나님께 나아갈 수 있도록 하는 예표로서 그들을 위하여 가죽옷을 지어 입히셨고 제사라는 방법까지 열어주셨다. 가죽옷과 마찬가지로 이 제사 가운데 드려지는 제물은 이후 모든 인류의 죄를 위해 자신을 제물로 드리신 예수님의 예표였다. 따라서 아담과 하와의 자녀인 가인과 아벨도 제물을 드림으로 하나님께 나아갈 수 있었던 것이다.

어떤 믿음으로 드렸는가?

이 제사뿐 아니라 오늘날 우리가 드리는 예배도 핵심은 믿음이다. 지금도 이슈가 되고 있는 질문이 있다. 도대체 하나님이 왜 가인의 제물은 받지 않고 아벨의 제물만 받으셨는가? 우스갯소리처럼 가인은 빵을 드리고 아벨은 고기를 드려서? 원래 제사에는 피 흘림이 있는 제물을 드려야 하는데 피 흘림이 없는 제물을 드려서 안 받으신 것인가? 사실 그렇다고 하는 분도 있기는 한데 나는 그것이 비약이라고 생각한다.

가인과 아벨 두 사람의 제물을 묘사한 본문을 자세히 살펴보면 한 가지 차이가 있다. 아벨이 드린 제물에는 "양의 첫 새끼와 그 기름으로"라고 표현하여 의도적으로 첫 번째를 구별하여 드렸다는 점을 강조한다. 그러나 가인의 제물에는 첫 번째 것에 대한 언급이 없다. 출애굽기와 레위기에서도 하나님께 첫 번째 것, 땅의 첫 소산물을 의도적으로 구별하여 드리는 것에 대해 강조하는 것을 볼 수 있다. 왜 그런가? 우선순위의 문제다. 하나님께 가장 먼저 것을 구별하여 드림으로 하나님을 삶의 우선순위에 두는 태도이자 믿음을 강조한 것이다. 우선순위는 결국 믿음의 문제이다.

가인과 아벨의 제물의 차이에 대해 히브리서에서는 다음과 같이 말한다.

믿음으로 아벨은 가인보다 더 나은 제사를

하나님께 드림으로 의로운 자라 하시는 증거를 얻었으니

히 11:4

핵심은 믿음이다. 어떤 종류의 제물을 드리느냐의 문제가 아니라 어떤 마음과 태도로 드리느냐이다. 그렇다면 여기서 의미하는 믿음은 구체적으로 무엇인가? 사실 성경이 이 부분을 직접적으로 언급하고 있지 않기 때문에 정확히 알 수는 없지만, 그렇더라도 우리는 영적인 상식으로 이것을 이해할 수 있다.

아담과 하와가 하나님께 죄를 지어 그들에게 최상의 환경이던 동산에서 쫓겨났다. 그런데도 하나님은 그들에게 하나님께 나아갈 수 있는 길을 열어주셨다. 그것이 바로 제사다. 그러면 이 제사를 어떻게 드려야 하는가? 믿음으로 드려야 한다. 어떤 믿음인가? 비록 자신들이 죄를 지어 하나님의 동산에서부터 쫓겨났지만, 하나님께서는 여전히 제사와 제물을 통해 하나님께 나아갈 수 있는 길을 열어주셨고, 그 제사와 제물을 받으시고 자신들을 축복해주시리라는 믿음이다.

믿음의 동기와 태도
바로 히브리서의 믿음과 같은 믿음이다.

믿음이 없이는 하나님을 기쁘시게 하지 못하나니
하나님께 나아가는 자는 반드시 그가 계신 것과
또한 그가 자기를 찾는 자들에게
상 주시는 이심을 믿어야 할지니라

히 11:6

이 말씀은 신약 시대에 와서 갑자기 주신 말씀이 아니다. 신구약 전체와 2천 년 기독교 역사 그리고 지금 이 시대를 포함해서 하나님이 우리에게 원하시는 한 가지는, 하나님 그분을 믿는 것이다. 그분을 신뢰하는 것이다. 그분이 우리를 위해 최선을 준비하시고 그 길로 인도하시리라는 믿음이다.

그러나 가인에게는 바로 이 믿음이 없었다. 그럼 가인은 제물을 어떻게 드렸을까? 정확하지는 않지만 내심 이랬을 가능성이 크다. '내가 왜 힘들게 일해서 얻은 것을 드려야 되지? 이렇게 드린다고 뭐가 달라져?'

이것이 종교의 영, 즉 두려움이다. 이렇게 하지 않으면 벌을 받을지 모르니까 내키지는 않아도 찜찜해서 하는 수 없이 드리는 것이다. 이 모습은 현대 그리스도인들 가운데 잘못된 동기와 태도로 예배하는 사람들의 모습과 정확히 같다.

동일한 구원의 은혜로 아버지 하나님 앞에 나아와 예배를 드리면서도 사람들의 마음은 정확하게 둘로 나누어진다. 비록 우리가 죄인이지만 하나님은 그의 아들 예수의 보혈을 의지하여 믿음으로 의롭다 함을 받은 우리가 드리는 이 예배를 받으신다는 믿음, 그리고 우리가 드리는 예배와 찬송 가운데 마음껏 축복하고 역사하신다는 믿음을 가지고 성령과 진리로 예배드리는 성도들이 있다. 하나님은 자기를 찾는 자들에게 상 주시는 분이심을 믿는 것이다.

그러나 다른 한편으로 '이렇게 예배를 드린다고 정말 받으실까? 이런다고 우리의 삶이 뭐가 달라져? 결국 내가 열심히 살아야지' 하지만 예배의 자리를 떠나지는 않는다. 안 하면 뭔가 찜찜하고 켕겨서 자리에 꼬박꼬박 나와 앉았지만 그냥 몸만 있고 종교적 흉내만 내는 수준이다. 결국 믿음의 동기와 태도의 문제이다.

> 믿음을 따라 하지 아니하는 것은 다 죄니라
>
> 롬 14:23

나의 믿음의 대상이 되시는 주님

왜 기독교는 이토록 믿음을 강조하는가? 믿음이 하나님을 인격적으로 신뢰하고 교통하는 통로이기 때문이다. 하나님은 우리에게 하나님을 위해서 놀랍고 위대한 일을 해달라고 하시는 분이 아니다. 하나님은 우리가 하나님을 믿어주기 원하신다. 왜냐하면 이 믿음이 깊은 인격적 영적 교제 가운데로 들어가는 문이며, 동시에 우리는 이 교제를 통해 더 깊은 차원의 믿음으로 들어가 종국에는 하나님과 연합되기 때문이다. 마치 성삼위일체 하나님처럼 말이다.

가인이 가진 근본적인 문제 역시 믿음의 문제였다. 그러나 그는 자신 안에 있는 본질적인 문제를 해결하기보다 자신의 경쟁 대상이며 비교 대상인 동생 아벨을 죽이게 된다. 안타까운 것은 하나님은 한 번도 가인을 아벨과 비교하며 "왜 너는 아벨처럼 제물을 드리지 않았느냐?"라고 하신 적이 없다는 것이다. 믿음이 없는 가인이 스스로 비교하고 경쟁한 것이다. 이 역시 눈이 밝아진 현대인들의 문제가 아닌가. 눈이 열려 나와 상대를 끊임없이 비교 시기하고 경쟁하는 안타까움이 지금도 동일하게 나타난다.

반대로 복음을 통해 영의 눈이 열릴 때 우리는 다른 지체들의 어떠함에 상관없이, 오직 나의 믿음의 대상이 되시는 주님 앞에 온전히 서는 일에 집중한다. 그러나 그렇더라도 다시 믿음이 떨어지면 온통 내 주변과 사람들에게 마음과 시선이 빼앗기며 그들과 자신을 비교 경쟁함으로 마음이 불안해지고 시기심과 질투로 가득하게 된다.

사역 현장에서도 이런 모습이 곧잘 나타난다. 흔히 아군끼리 싸우는 기가 막힌 모습을 같은 교회 안에서 또 선교 현장에서도 볼 수 있다. 다른 지체들이 잘 되고 인정받으면 어떤가? 오히려 감사하고 축복할 일이 아닌가! 그것으로 아버지의 나라가 확장되고 잃어버린 영혼들이 돌아오면 정말 기쁜 일이지 않은가? 나는 나 자신을 부르고 인도하시는 아버지께 집중하여 사역을 감당하면 되지 않는가?

이것으로부터 자유할 수 있는 유일한 길은 살아 계신 하나님 안에서 내가 얼마나 존귀한 자인지 확신하며, 그 기준이 되시는 내 믿음의 대상이신 하나님께 집중하는 것이다. 이것이 믿음이다. 나의 믿음의 대상이 되시는 그분께 집중하며 그분 앞에 온전히 반응하는 것이 믿음의 핵심이다. 그러면 자연스럽게 주변의 모든 것으로부터 자유하다.

안타깝게도 가인은 이것을 모르고 결국 모든 문제를 외부에서 해결하려다가 더 큰 죄 가운데로 들어간 것이다. 그 결과는 두려움이었고, 하나님의 은혜는 그런 가인을 향한 긍휼이었다. 언제 죽을지 두려워하는 그에게 하나님은 약속하셨다.

> 여호와께서 그에게 이르시되 그렇지 아니하다
> 가인을 죽이는 자는 벌을 칠 배나 받으리라 하시고
> 가인에게 표를 주사 그를 만나는 모든 사람에게서
> 죽임을 면하게 하시니라
>
> 창 4:15

그럼 여기서 잠깐 질문해보도록 하겠다. 가인이 비록 자신의 죄 때문에 그 땅에서 쫓기게 되었지만 가인은 여전히 하나님께 제사를 통해 나아갈 수 있었을까? 아니면 하나님께서 이제부터 가인의 제사를 받지 않겠다고 하셨을까? 가인에게는 더 이상 하나님께 나아가 하나님의 은혜와 긍휼을 구할 수 있는 길이 막혔는가?

이해를 돕기 위해서 아담과 하와가 죄를 지어 동산에서 쫓겨났지만 하나님은 여전히 그들에게 하나님께 나아갈 수 있는 제사를 허락하셨다는 사실을 다시 상기시키고 싶다. 그럼 다시 묻겠다. 가인이 하나님께 나아가 하나님의 이름을 부르며 하나님께 제사를 드릴 수 있었을까? 그렇다. 드릴 수 있었다고 나는 믿는다.

그러나 안타깝게도 가인은 하나님 앞을 떠나서 그 후 다시 그분의 이름을 부르지 않는다. 극도의 두려움으로 유리방황하다가 스스로 자신의 두려움과 문제를 해결하기 위해 몸부림친다.

그 내용이 창세기 4장 16절부터 24절 말씀이다.

CHAPTER 6

어리석은 인생의 한계

가인이 여호와 앞을 떠나서 에덴 동쪽 놋 땅에 거주하더니

아내와 동침하매 그가 임신하여 에녹을 낳은지라

가인이 성을 쌓고

그의 아들의 이름으로 성을 이름하여 에녹이라 하니라

에녹이 이랏을 낳고 이랏은 므후야엘을 낳고

므후야엘은 므드사엘을 낳고 므드사엘은 라멕을 낳았더라

라멕이 두 아내를 맞이하였으니

하나의 이름은 아다요 하나의 이름은 씰라였더라

아다는 야발을 낳았으니

그는 장막에 거주하며 가축을 치는 자의 조상이 되었고

그의 아우의 이름은 유발이니

그는 수금과 퉁소를 잡는 모든 자의 조상이 되었으며

씰라는 두발가인을 낳았으니

그는 구리와 쇠로 여러 가지 기구를 만드는 자요

두발가인의 누이는 나아마였더라

라멕이 아내들에게 이르되

아다와 씰라여 내 목소리를 들으라

라멕의 아내들이여 내 말을 들으라

나의 상처로 말미암아 내가 사람을 죽였고

나의 상함으로 말미암아 소년을 죽였도다

가인을 위하여는 벌이 칠 배일진대

라멕을 위하여는 벌이 칠십칠 배이리로다 하였더라

창 4:16-24

성읍을 쌓다

두려움의 문제를 해결하기 위해 가인이 처음 한 일은 바로 성을 쌓는 것이었다. 여기서 말하는 성은 단지 작은 성 하나를 뜻하는 것이 아니라 원어적 의미로 도시 건설이다. 어마어마한 성벽을 쌓고 그 안에 들어가 자신의 두려움의 문제를 해결하려 했다는 것이다. 이미 하나님께서 가인을 보호하겠다고 약속하셨지만 그는 그것을 믿음으로 받아들이지 못한다. 이것이 고아의 영이다. 말씀을 말씀 그대로 신뢰하지 못하고 다른 사람들로부터 자신을 지키고자 어마어마한 성을 쌓고 그 안에 숨는 것이다.

그러나 다시 말하지만 두려움은 외적인 문제가 아니라 내면의 문제이다. 하나님이 없는 상태, 고아와 같은 영적, 심적 상태이다. 가인이 그 성 안에 숨어 두려움을 해결하려고 몸부림치는 모습을 상상할 수 있겠는가? 이것이 비극이다. 그리고 이 비극은 더 발전적으로 지속된다.

두 아내

가인의 후손은 자신들의 문제를 해결하고자 모든 방법을 모색한다. 그리고 라멕에 와서 하나님이 한 남자와 한 여자를 통해 가정을 이루도록 하신 창조 질서를 깨뜨리고 두 아내를 취한다. 육신의 죄 때문에 그렇게 했다고 볼 수 있지만 전체적인 문맥의 흐름상 더 근본적인 이유가 있다. 당시 사회는 사람의 수(數)가 곧 인력과 힘을 의미한다. 더 많은 아내를 통해 많은 자녀를 낳으면 그 자녀들이 장성하여 노동력이 되고 전쟁할 때 또한 힘이 된다. 결국 자신에게 있는 두려움의 문제를 많은 자손으로 해결하고자 한 것이다.

보라 자식들은 여호와의 기업이요
태의 열매는 그의 상급이로다
젊은 자의 자식은 장사의 수중의 화살 같으니

이것이 그의 화살통에 가득한 자는 복되도다

그들이 성문에서 그들의 원수와 담판할 때에

수치를 당하지 아니하리로다

시 127:3-5

전쟁이 본격적으로 시작되기 전, 양측 장수들이 먼저 기선을 제압하느라 하는 이야기 중에는 자식이 얼마나 많은지를 자랑하는 것도 있다. 왜냐하면 자식이 많다는 것은 곧 신의 축복을 받은 사람이라는 표식이라고 믿었기 때문이다. 이 역시 많은 수(數)로 두려움의 문제를 해결해보려는 것이다.

가축과 소유

야발은 장막에 거주하며 가축을 치는 자들의 조상이 된다. 땅에 있는 모든 피조물을 다스리라, 즉 "보살피라"는 하나님의 명령과 다르게 그는 동물을 자기 소유로 삼았다. 그리고 "여기까지 있는 것은 다 내 거야"라고 소유권을 주장하기 시작한다. 이유는 이때부터 가축을 식량으로 삼은 것이 아닌가 한다. 하나님을 떠나 나가서 스스로 필요를 채우고자 하는 그들이 이미 하나님의 창조의 원리와 상관없이 살아가고 있음을 나타내는 대목이다. 물론 하나님이 이 땅에 동물들을 풍성하게 창조하셨음을 믿는다. 그러나 두려움에 잡힌 사람들은 근본적인 두려움의 문제가 해결되지 않았기 때문에 아무리 많이 가져도 자유하지 못한다.

그러다가 한 사람이 동물을 자기 소유로 삼기 시작했을 때 어떤 일들이 일어났겠는가? 맞다. 여기저기서 이제 동물을 자기 것으로 삼는 일들이 벌어지게 된다. 그러면 자연스럽게 많이 가진 자와 적게 가진 자가 생긴다. 한번 자기 것으로 삼기 시작한 이상 빈부 격차가 일어난다. 그다음 어떤 일들이 벌어지게 될지 불을 보듯 뻔하다. 서로 더 많이 소유하기 위해 경쟁하고 싸우고, 그러다가 무력으로 충돌하는 일까지 일어나는 것이다.

그때나 지금이나 똑같다. 그럼 그 과정에서 뺏고 뺏기는 일들이 수없이 반복되면서 상처를 주고받고 급기야 죽이고 죽는 일들이 다반사로 일어난다. 마음은 상처와 고통으로 얼룩지고 급기야 두려움과 아픔을 주체할 수 없어 이 문제의 해결 방안을 모색하기 시작한다.

음악 문명

자연스럽게 유발 때에 일어난 일이 음악 문명이다. 물론 하나님께서 우리에게 음악이라는 창조적 능력을 주신 이유는 음악을 통해 하나님의 이름을 높이고 그분에게 영광을 돌리도록 하기 위함이었다. 그러나 상하고 깨져서 만신창이가 된 인류는 음악을 자기 마음을 위로하고 고통에서 자유케 하는 방편으로 사용했다. 지금의 인류가 음악을 사용하는 이유와 똑같다. 음악을 통해 자신을 표현하는 것은 같지만 감사와 기쁨으로 하나님을 찬양하는 것이 아니라 아프고 상한 마음을 토로하고 절규한다.

청동과 철기 문명

두발가인에 와서 인류는 창조적인 능력으로 어마어마한 혁신을 이루게 되는데, 바로 청동과 철기 문명을 맞게 된 것이다. 그러나 이 사건은 인류에게 더 큰 고통과 아픔을 주는 통로가 된다. 사람들은 늘 수적(數的)으로 불리했다. 그리고 고작해야 나무와 돌로 전투와 사냥을 하던 인류가 이제는 청동과 철기로 무기를 만들어 전쟁을 하여 무자비한 대량 학살도 가능하게 되었기 때문이다. 하나님 앞을 떠나서 나간 가인의 후예들이 이것을 발견한 후 자행했을 인류의 참상을 상상할 수 있겠는가?

예루살렘 히브리대학교의 역사학자인 유발 하라리(Yuval Harari) 교수는 그의 저서 《사피엔스》(김영사)를 통해 한 가지 흥미로운 사실을 지적한다. 이 책에서 그는 진화론적 관점에서 볼 때 인류가 지난 수백만 년 동안 사용한 무기라고는 고작해야 뾰족한 나무와 돌이 전부였다가 상대적으로 너무나 짧은 기간 동안 갑자기 어마어마한 진보를 이루어 상상할 수 없는 살상 무기를 개발했다는 것이다. 그는 진화론적인 관점에서 이 급진적인 진보와 발전을 설명하기가 매우 어렵다고 기술하였다.

그러나 그 대답은 창세기 4장에 나와 있다. 인류는 태어날 때부터 이미 하나님께 받은 창조적인 능력을 가지고 있었고, 아담으로부터 8대에 이르러 그들은 자연스럽게 그 능력을 자신의 문제를 해결하는 통로로 사용하게 된다. 그러나 문제는 그 능력을 바른 동기를 위해 사용할 때 많은 사람을 살릴 수도 있지만 잘못된 동기로 사용할 때는 어마어마한 고통을 안겨주기도 한다는 것이다.

그 결과가 바로 다음 두 구절에 나온다.

라멕이 아내들에게 이르되
아다와 씰라여 내 목소리를 들으라
라멕의 아내들이여 내 말을 들으라
나의 상처로 말미암아 내가 사람을 죽였고
나의 상함으로 말미암아 소년을 죽였도다
가인을 위하여는 벌이 칠 배일진대
라멕을 위하여는 벌이 칠십칠 배이리로다 하였더라

창 4:23,24

양심에 화인 맞은 자

이 본문을 상상해본다면 어떤 그림이 보이는가? 극도의 두려움으로 정신이 오락가락하는 라멕이 세상이 떠나가라고 고래고래 소리를 지르며 자신 안에 있는 아픔과 고통을 토해내는 모습이 연상되는가? 아마 그도 뺏고 뺏기는 무력 충돌 가운데 사람을 죽이기도 하고 자기 가족들이 죽어나가는 것을 수없이 보기도 하면서 어느 순간 더 이상 아픔과 고통을 느끼지 못하는 무감각의 상태에 이르렀던 것 같다. 여기서 그가 한 고백을 눈여겨볼 필요가 있다.

"나의 상처로 말미암아 내가 사람을 죽였고 나의 상함으로 말미암아 소년을 죽였도다."

죽이고 죽는 과정에서 받은 상처를 표현한 말이다. 처음에는 남자를 죽이고 어른을 죽였지만 어느 순간부터는 어린아이까지 무자비하게 죽이는 지경에 이른 것이다. 그리고 그것을 반복하다보니 감각이 마비된 상태에 빠지게 된다. 그다음 고백이다.

"가인을 위하여는 벌이 칠 배일진대 라멕을 위하여는 벌이 칠십칠 배이리로다 하였더라."

자신의 죄가 많다고 고백하는 것처럼 들리는가? 아니면 비아냥거리는 것인가?

"가인이 큰 죄를 지어서 그에게 벌이 칠 배라면서? 그럼 나는 더 크니까 나는 칠십칠 배겠네. 하하."

두려움에서 시작한 가인의 후손들이 어느덧 두려움의 문제
를 해결하기 위해 경쟁하듯 뺏고 뺏기는 가운데 처음에는 고
통과 아픔이 있었지만 결국에는 아무 죄책감도 느끼지 않는
무감각의 상태로 들어간 것을 볼 수 있다. 성경은 이것을 '양
심이 화인을 맞은' 것이라고 말한다.

어찌 보면 참혹할 만큼 악한 모습이라고 볼 수도 있지만
다른 한편으로 보면 불쌍하고 안타까운 모습이다. 이런 가
인의 세대들이 하나님을 떠나 세상에서 생육하고 번성하며 뺏
고 뺏기며 죽고 죽이는 광경을 상상할 수 있는가? 너무나 끔
찍하다.

가인의 시대만이 아니라 인류 역사 전체가 이 과정의 반복
임을 알 수 있다. 왜 그런가? 이유는 간단하다. 하나님을 떠
나서 나간 사람이 할 수 있는 최선은 이 한계선을 넘지 못하기
때문이다. 또한 이 모습은 아무리 고상한 사상이나 이론, 현
대적 기술과 능력으로 설명한다 해도 오늘날 현대인들 안에
동일하게 나타나는 두 극단의 모습이기도 하다.

한편으로 두려움에 잡혀 어떻게 해야 할지 모르면서 어떻게
해서든지 살아남기 위해 몸부림치는 모습, 다른 한편으로 이
미 오랜 경쟁과 시기와 폭력으로 무감각해질 대로 무감각해져
서 수많은 사람들의 고통과 눈물에도 아랑곳없이 자신의 유익

을 추구하는 모습이다. 눈이 밝아져 스스로 하나님이 되고자 했던 인류의 결과이다.

그래서 우리는 과연 자유한가? 무엇으로부터 자유한가? 우리는 하나님이 되었는가? 죄송하다! 인류는 정신이 나간 짝퉁 하나님이 되어 두려움과 교만 사이를 오가며 자신이 무슨 소리를 하는지도 모르는 이론, 학문과 사상을 떠들어대지만 가장 기본적인 문제에 대해서조차 대답하지 못하는 존재가 되어 버렸다.

"우리는 누구이며 무엇을 위해 존재하는가?"

"우리는 어디로 돌아가는가?"

"지금 우리가 하는 모든 일의 궁극적인 의미는 무엇인가?"

PART 2

함께 걷다

: 하나님의 대안

CHAPTER 1

에노스

태풍의 눈을 아는가? 태풍은 주변의 모든 것을 휩쓸고 지나가며 초토화시키지만 정작 태풍의 눈 속은 적막이 흐른다. 가인의 세대가 요동치고 있을 때 하나님은 마치 태풍의 눈처럼 고요하고 요동 없이 원래 계획하신 하나님의 일들을 유유히 행하고 계셨다.

하나님의 사람들은 난리가 난 세상이 아니라 그 가운데서 일하시는 하나님께 집중해야 한다. 그래야 세상이 볼 수 없는 대안을 세상에 풀어낼 수 있다. 시대를 분별하는 것은 세상의 흐름과 유행에 대한 자료들을 모아 분석하고 연구하는 것을 말하는 것이 아니다. 그 가운데 행하시는 하나님의 손길을 깨닫는 것이다. 그럴 때 구조와 시스템이 흉내 낼 수 없는 하나님의 한 수가 나온다.

여호와의 이름을 부르는 세대여, 일어나라!

가인의 세대 한복판에 하나님의 대안은 무엇인가? 하나님은 아벨의 빈자리를 채울 수 있는 새 생명을 아담과 하와에게 허락하셨다. 그가 바로 셋이다. 그 이름의 의미는 "채워 넣다", "빈자리를 채우다"이다.

셋이 태어나서 105세에 에노스를 낳을 때까지 살면서 무슨 이야기를 들었겠는가? 부모인 아담과 하와가 동산에서 쫓겨난 사건과 자기보다 앞서 태어난 두 형제 이야기, 한 명은 죽었고 한 명은 하나님을 떠나 나가서 지금 어떻게 살고 있다는 얘기를 들었을 것이다. 철이 들 무렵 셋은 자신의 집안이 전문 용어로 콩가루 집안이라는 사실을 깨달았을 것이다.

셋은 아들을 낳아 이름을 '에노스'라고 지었는데 히브리어 '아나쉬'로 "형편없는", "깨지기 쉬운", "부서지기 쉬운"이라는 의미이다. 아무리 봐도 인간에게는 소망이 없다는 사실을 철저히 깨달은 것이다. 인간이 얼마나 연약한 존재인지 알아서 자녀의 이름을 에노스라고 불렀을 때 비로소 그의 후손들을 통해 유일한 대안 되신 여호와의 이름이 불리기 시작한 것이다.

셋도 아들을 낳고 그의 이름을 에노스라 하였으며
그 때에 사람들이 비로소 여호와의 이름을 불렀더라

창 4:26

가인과 그 후손들이 자신들의 문제를 스스로 해결하겠다고 발버둥치며 죄악으로 치달을 때 셋의 후손들은 자신들의 연약함을 고백하며 여호와의 이름을 불렀다. 지금도 그렇다. 우리는 가인의 세대가 자신들의 힘으로 뺏고 뺏기는 가운데 더 많은 것을 소유하고 쟁취하기 위해 몸부림치는 세상 한가운데 살고 있다. 우리의 대안은 이런 가인을 힘으로 누를 수 있는 더 강한 가인을 만드는 것이 아니라 여호와의 이름을 부르는 세대를 일으키는 것이다.

　성경이 왜 에노스를 이 부분에서 언급했다고 보는가? 가인의 세대를 멸하기 위한 더 강력한 하나님의 집단이 필요한 것이 아니다. 하나님은 연약하고 부족한 자신을 발견하고 하나님의 이름을 부르는 사람들을 찾으셨다. 안타깝게도 믿는 자들 가운데 더 강력한 가인을 만들어서 가인의 세대들의 코를 납작하게 해주어야 한다는 논리가 여전히 있지만 성경의 접근은 오히려 그 반대다. 연약한 자신의 모습을 인정하며 "여호와여, 도와주세요. 주님만이 우리의 대안이십니다"라고 부르짖는 자들을 일으키는 것이다. 닫힌 하늘을 열어낼 수 있는 자, 하나님의 은혜와 긍휼을 가인의 땅에 풀어낼 수 있는 자가 필요하다.

반대 정신

만약 가인의 세대 가운데 더 강한 가인이 되고자 한다면 결과는 뻔하다. 우리는 가인보다 더 큰 괴물이 될 것이다. 2천 년 기독교 역사 가운데 로마 가톨릭교회와 십자군 운동처럼 종교라는 탈을 쓴 채 교권(敎權)을 의지하여 강력한 부와 힘을 행사한 가장 부끄러운 모습이 되는 것이다.

그러면 누군가는 노여워하며 이렇게 말하지도 모른다.

"그럼 우리는 허구한 날 맞고, 당하고, 약하고, 부족해서 매일 울며 도와달라고 매달리며 힘없이 존재해야 합니까?"

어쩌면…. 당혹스러운가? 핵심은 가인이 추구하는 힘과 권력을 함께 추구하면서 가인을 이기겠다는 것은 설정 자체가 잘못되었다는 것이다. 그런데 그런 정치가나 사회운동가들이 얼마나 많은가? 그 결과는 결국 더 폭력적이고 나쁜 힘과 권력을 휘두르는 자들이 되어버린다는 것이다. 이것이 죄의 힘이다.

따라서 그리스도인들은 반대 정신으로 나가야 한다. 목표 설정 자체가 높은 자리, 힘과 권력의 자리, 인정받는 최고의 자리가 아니라 예수 그리스도의 가르침을 따라 낮은 자리, 섬기는 자리, 희생하고 양보하는 삶의 가치를 따라야 한다.

그럴 때 주님은 때때로 필요하다면 그렇게 낮아지고 희생하며 섬기고자 하는 자들을 높은 자리에 올리신다. 왜냐하면 이미 낮아지고 희생하며 섬기고자 하는 자들은 권력과 힘을 발휘하는 자리에 있어도 안전할 가능성이 매우 높다. 애당초 이들이 추구하는 가치와 목적이 힘이나 권력과 상관없이 섬기고 나누고 베풀고 양보하는 데 있기 때문이다. 다니엘이 높은 자리에 오르고자 노력해서 실력과 능력을 인정받아 높은 자리에 올라갔는가? 아니면 뜻을 정하여 여호와를 온전히 섬기며 진리를 따라 살아내고자 했기 때문에 하나님이 그를 그 자리에 올리셨는가?

실력 없고 전문적인 능력도 없는 못난 사람이 되어야 한다고 말하는 것이 아니다. 당신은 지금 무엇을 바라보며 추구하는가? 주님을 바라보며 주님이 가르쳐주시고 삶을 통해 보여주신 가치를 추구하고 있는가? 아니면 그렇게 하기 위해 먼저 실력으로 영향력을 끼칠 수 있는 자리에 올라가야 한다고 생각해서 그곳을 바라보며 실력을 추구하고 있는가? 높은 자리에 있는 나쁜 놈들을 이기려면 높은 자리, 영향력을 발휘할 수 있는 자리에 먼저 올라가야 한다고 말하는 것 자체가 이미 글렀다고 말하는 것이다. 괴물을 무찌르기 위해 괴물을 만드는 것은 근본적인 해결이 될 수 없다.

반대 정신, 세상이 추구하는 것과 반대로 할 때 세상을 변화시킬 수 있다. 그래서 주님은 가난한 목수의 아들로 이 땅에 오셔서 산상수훈의 말씀으로 사람들의 생각 자체를 뒤엎으셨다. 산상수훈은 영적으로 너무 심오해서 어려운 것이 아니다.

그것을 인정하고 받아들여서 살아내는 것이 어려운 말씀이다.

가인이 아니라 에노스가 대안이자 유일한 길이다. 이 에노스를 통하여 하나님과 동행했던 에녹이 나오고, 에녹을 통하여 당대에 의로운 자 노아가 나온다. 그 결과, 무서운 하나님의 심판이 놀라운 하나님의 구원과 새로운 시작의 사건으로 바뀌었다. 강한 가인들이 아니라 평범하고 보잘것없어 보이지만 오직 하나님과 동행한 사람, 정말 무식할 만큼 시키는 대로 순종한 사람을 통해 세상이 바뀐 것이다.

한 사람 노아로 인하여 인류는 새롭게 다시 시작할 수 있는 하나님의 은혜를 경험했다. 그래서 늘 스스로에게 다짐하며 믿음의 형제자매들에게 도전하는 말이 있다.

"믿음은 숫자와 사이즈가 아니라 진짜 하나가 있느냐 없느냐의 문제다!"

크고 대단한 일, 뛰어난 실력과 능력이 먼저가 아니라 "내가 하나님 앞에서 진짜인가?" 하는 이 문제가 먼저이며, 하나님의 말씀 앞에 신실하게 순종하며 동행하느냐가 핵심이다.

이 순간 내 안에 다시 한번 나를 상기시키는 음성이 들리는 듯하다.

"하나님! 나는 아버지 하나님이 정말 필요합니다."

CHAPTER 2

에녹

아무것도 무서운 줄 모르고 야생마처럼 질주하던 30대의 나를 잠시 멈춰 서도록 한 말씀이 바로 에녹에 대한 기록이다. 솔직히 고백하면 처음에는 "그래서 뭐? 대체 뭐했다는 거야?" 라고 답답한 마음을 내뱉었다. 눈을 부릅뜨고 본들 에녹이 한 일은 두 가지뿐이었다.

> 므두셀라를 낳은 후
> 삼백 년을 하나님과 동행하며 자녀들을 낳았으며
> 그는 삼백육십오 세를 살았더라
> 에녹이 하나님과 동행하더니
> 하나님이 그를 데려가시므로 세상에 있지 아니하였더라
> 창 5:22-24

300년을 하나님과 동행하며 애 낳은 일이다. 이런 간단한 이야기를 성경에 왜 써놓았을까 싶었다. 일단 자녀를 낳는 일? 누구나 다 하는 일이 아닌가! 그리고 그는 하나님과 동행했다. 영어로 "함께 걸었다"(walked with God)라는 뜻이다. 에녹이 300년 동안이나 하나님과 함께 걸었다는데, 그럼 치유가 일어났는가? 사람을 살렸는가? 아니 그런 기록이 없다. 가인 족속에게 가서 여호와의 이름을 부르라고 선포했나? 그것도 아니다. 그럼 대체 뭘 한 건가? 하나님과 동행했다는 말이 도대체 무슨 뜻인가?

하나님과 동행하는 큰 일

이 말씀의 깊이는 본문의 배경과 흐름을 얼마나 이해하느냐와 밀접하게 연관이 있다. 앞서 언급한 대로 하나님을 떠나서 나간 가인의 세대들이 자신들의 두려움과 한계의 문제를 해결하기 위해 미쳐 날뛰던 때에 그 가운데 비로소 셋으로부터 여호와의 이름을 부르는 자들이 일어난다. 비교하자면 상대적으로 너무 연약하고 보잘것없는 셋의 자손 가운데 에녹이 나온 것이다.

하나님과 동행한 자, 에녹 하면 다음 말씀이 떠오른다.

믿음으로 에녹은 죽음을 보지 않고 옮겨졌으니

하나님이 그를 옮기심으로 다시 보이지 아니하였느니라

그는 옮겨지기 전에 하나님을 기쁘시게 하는 자라

하는 증거를 받았느니라

믿음이 없이는 하나님을 기쁘시게 하지 못하나니

하나님께 나아가는 자는 반드시 그가 계신 것과

또한 그가 자기를 찾는 자들에게

상 주시는 이심을 믿어야 할지니라

히 11:5,6

이 말씀을 보면 하나님과 동행한다는 의미를 좀 더 이해할 수 있을 것 같다. 에녹은 하늘로 옮겨지기 전에 하나님을 기쁘시게 하는 자라는 인정을 받았는데 이 인정의 핵심이 바로 믿음이었다. 히브리서는 이 믿음을 두 가지로 표현했다. 하나는 하나님이 계신 것을 믿는 믿음이다. 그다음으로 살아 계신 이 하나님을 찾으면 찾는 자들에게 상 주시는 분임을 믿는 것이라고 표현했다. 에녹에게는 이 믿음이 있었고 이것이 하나님의 마음을 기쁘시게 한 것이다.

그렇다면 하나님께 이 믿음이 왜 그렇게 중요했는가? 에녹이 살던 때에 하나님을 떠나서 나간 가인의 세대들 가운데는 아무도 하나님이 계신 것을 인정하지 않았고, 아무도 살아 계신 하나님을 찾지 않았다. 그때 에녹은 하나님이 계신 것을 믿고 그 하나님을 찾았다. 그리고 그 하나님과 동행했다.

우리가 만약 누군가와 동행하기 원한다면, 여정을 함께하기 원한다면 목적지가 같아야 한다. 그 목적지를 향해 같은 마음, 같은 속도로 길을 가야만 동행이 가능하다. 그리고 이 동행의 여정에서 서로 마음과 생각의 깊은 것들을 함께 나누는 교제가 이루어진다. 이제 그림이 좀 그려지는가?

모두가 하나님을 떠난 그 시대에 한 사람 에녹이 하나님과 마음과 생각을 나누며 300년간 동행하여 하나님의 위로가 되었던 것이다. 이 동행이야말로 하나님이 우리를 창조하신 목적이다. 하나님께서 이 동행을 얼마나 좋아하셨으면 에녹을 그냥 데려가셨을까?

주님의 음성을 따라 한 걸음씩 걷다!

짧고도 강력한 에녹의 생애의 기록을 대하면서 마음이 먹먹해졌던 기억이 난다. 그리고 내 안에 미숙하지만 한 가지 간절한 소원과 확신이 일어났었다. 뭔가 크고 대단한 일, 놀라운 사역을 통해 하나님에게 감동을 드리고 기쁨이 되고 싶어 했던 내게 이 메시지는 신선한 충격이었다.

하나님이 가장 기뻐하시는 것은 그분과 함께하는 것이다. 사실 하나님과 함께하는 동행의 여정 가운데 사역은 자연스럽게 일어난다. 우리 믿음의 반응과 순종을 통해 그분이 이루어가신다. 이 믿음이 들어온 것이다. 물론 이 동행의 의미가 삶의 실제적인 자리에서 구체적으로 풀어지는 데에는 또 다른 차원의 도전이 요구된다. 하지만 핵심은 그분과 함께 깊은 것을 나누며 그분의 의중을 따라 행하는 것이다.

하나님과 동행한 에녹의 삶은 믿음의 조상 아브라함 안에서 좀 더 구체적으로 나타난다. 그것은 말씀을 따라 한 발 한 발 하나님의 인도하심을 따라가는 여정이다. 하나님과 동행한다는 것은 그분의 말씀을 따라 목자의 음성과 인도하심을 좇아가는 삶이라고 할 수 있다. 그래서 주님은 우리와 주님의 관계를 양과 목자의 관계로 비유하여 말씀하셨다.

"양은 그의 음성을 듣나니"(요 10:3).

어떻게 동행할 것인가? 우리를 인도하시는 주님의 음성을 따라가는 것이다. 에녹처럼, 노아처럼, 그리고 양처럼 우리는 날마다 매 순간 목자의 음성을 듣고 그 음성이 인도하시는 방향을 따라 한 걸음 한 걸음 주님과 걸어야 한다.

헨리 블랙커비(Henry Blackaby)의 《영적 리더십》(두란노)이라는 책이 있다. 그 책에서 헨리 블랙커비 목사님은 비전도 중요하지만 더 중요한 것은 그 비전으로 인도하는 하나님의 음성을 날마다 좇아가는 것이라고 강조했다. 이것이 동행이다. 하나님이 동행하시는 삶으로 나아가는 것이다!

|

CHAPTER 3

말씀 수술

에녹이 들림 받은 후 라멕이 노아를 낳았고, 노아는 오백 세가 된 후에 셈과 함과 야벳을 낳았다. 안타깝게도 그때 하나님의 아들들인 셋의 후손들이 사람의 딸들인 가인의 후손들의 아름다움을 보고 그들과 합하여 육신이 된다. 육신이 된 결과 그들은 땅에서 명성 있는 용사가 되었을지언정 안타깝게도 하나님이 보시기에 악한 자들이 되어, 그 마음으로 생각하는 모든 계획과 행사가 항상 악하여 하나님이 사람 지으신 것을 한탄하시는 지경에 이르게 된다.

땅에서 명성 있는 용사이나 하나님이 한탄하실 수밖에 없는 존재, 땅과 하늘의 관점은 이렇게 다르다. 그래서 관점이 중요하고 이 관점을 결정하는 인식의 기준이 중요하다. 보고 인식하는 관점은 우리 안에 오랫동안 축적된 결과로 나타난다. 그래서 좀처럼 바뀌지 않는다. 문제는 이것이 근본적으로 바뀌지 않는다면 변화된 삶을 산다는 것이 사실상 불가능하다.

사람은 자기가 보고 인식한 대로 산다. 마찬가지로 보고 인식한 수준만큼 산다. 그것을 세계관이라고 말하는데, 이 세계관은 우리 안에 깊이 뿌리내린 가치체계와 사고체계를 통해 형성된다. 어떤 것을 가치 있고 가치 없다고 보는 나의 기준은 무엇인가? 어떤 사건과 일을 해석하는 나의 사고 기준은 무엇인가? 이런 것들이 합쳐져서 내 안에서 세상을 보는 관점을 형성한다. 우리는 그렇게 보고 해석하는 대로 살게 된다.

안타까운 사실은 신앙생활을 땅의 기준으로 평가하는 그리스도인들이 의외로 많다는 점이다. 이유는 간단하다. 그들이 가지고 있는 관점이 여전히 땅의 관점이기 때문이다. 하다못해 다니엘서 말씀으로 자녀를 훈계하면서도 "그러니까 공부를 잘해야 돼. 높이 올라가 성공해야 영향력을 줄 수 있어. 그래야 하나님께 쓰임 받을 수 있는 거야"라고 하는데, 나 역시 여전히 부족하지만 다니엘서를 아무리 봐도 그 말씀 어디에 공부를 잘해야 하고, 높이 올라가고, 성공해야 한다는 메시지가 있는지 좀처럼 공감하기 어렵다.

재미있는 것은 그런 분들이, 다니엘의 친구들이 신앙을 지키기 위해서 불구덩이에 들어가고, 다니엘이 사자 굴에도 들어갔다는 말은 잘 하지 않는다는 것이다. 이것은 한 예에 지나지 않는다. 핵심은 땅의 관점이 아닌 하늘의 관점이 회복되어야 한다는 것이다.

어떻게 하늘의 관점을 회복할 수 있는가?

그럼 어떻게 해서 우리 안에 하늘의 관점을 회복할 수 있는가? 아주 간단하다. 나의 모든 것을 하나님의 말씀 기준으로 재부팅시키는 것이다. 그러기 위해서 하나님은 당신의 사람들에게 하나님의 말씀을 입에서 떠나지 말게 하며 그것을 주야로 묵상하고 그 안에 기록한 대로 다 지켜 행하라고 말씀하셨다. 이것은 단순히 성경공부를 하고 제자훈련 코스를 밟아야 한다는 의미가 아니다. 말씀을 단순히 깨닫고 정보나 사실 정도로 많이 얻는 것을 뜻하지도 않는다.

단도직입적으로 말하면 말씀으로 수술을 해야 한다는 의미이다. 내 안의 모든 영역에서 치열하게 말씀 앞에 몸부림치며 그 말씀으로 나의 가치체계와 사고체계를 재정비해야 한다.

사실 이런 부담 없이 즐거운 말씀 공부 시간 또는 고차원의 깨달음을 얻는 시간이란 수술 경과에 대한 매뉴얼을 그대로 답습하는 것과 비슷하다. 수술을 한 것이 아니라 수술이 어떤 것이고, 수술에는 어떤 과정이 있고, 어떤 놀라운 기술이 숨어 있는지 상세히 알아가는 과정만 갖는 것이다. 안타까운 사실은 그렇게 아는 사람들이 마치 수술을 몇 번씩 해본 사람처럼 말하는 능력을 가진다는 것이다. 그러나 그들은 수술에 대해 아는 것이지 수술한 것이 아니다. 수술에 대해 잘 배우고 깨닫는다고 해서 수술의 효과를 얻을 수 있는 것은 아니다.

하나님의 말씀은 살아 있고 활력이 있어
좌우에 날선 어떤 검보다도 예리하여
혼과 영과 및 관절과 골수를 찔러 쪼개기까지 하며
또 마음의 생각과 뜻을 판단하나니
지으신 것이 하나도 그 앞에 나타나지 않음이 없고
우리의 결산을 받으실 이의 눈앞에
만물이 벌거벗은 것같이 드러나느니라

히 4:12,13

살아서 활력이 있는 날선 말씀 앞에서 나의 모든 영역이 벌거벗은 듯 드러날 때 그 말씀과 맞지 않는 나의 모든 영역이 수술을 받아야 한다. 그래야 비로소 우리는 성경적인 사람으로 살 수 있고, 종국에는 하나님 아버지와 연합하여 자신이 살고 있는 시대를 거슬러서 하나님의 의중을 따라 동행하는 삶을 살 수 있게 된다. 이 모두가 동행한다는 말에 함축되어 있다.

말씀이 우리의 내비게이션이다

구체적으로 무엇을 하고 있느냐보다 더 본질적이고 실제적인 이슈는 한 마음, 한 방향으로 함께 나아가느냐, 그럴 의향이 있느냐에 있다. 말씀은 하나님의 마음과 뜻으로 우리를 인도하는 내비게이션과 같다. 중간 중간 어떤 속도로 갈 것인지, 어느 방향으로 나가야 하는지, 무엇을 집중하고 조심해야 하는지 날마다 주야로 우리를 인도해준다. 그래서 하나님과 동행하는 삶으로 나아가는 자들에게 말씀을 묵상하고 그 말씀을 통해 살아 계신 하나님과 동행하며 교통하는 과정은 반드시 필요하다.

실제 운전도 그렇듯 오랫동안 내비게이션의 안내를 따라 운전한 사람은 익숙하고 자연스럽게 그 안내를 따라갈 수 있지만 처음에는 좀처럼 쉽지 않다. 음성 안내를 종종 놓칠 때도 있고, 자신이 알고 있는 길과 꼭 반대로 가르쳐주는 것 같아 혼란스러워 할 때도 있다. 말씀을 묵상하며 그 말씀을 좇아 사는 삶도 마찬가지다. 잘 이해가 되지 않고 실제적으로 말씀대로 사는 것이 내가 알고 있는 상식과 경험과 충돌될 때는 혼란스럽기도 하다.

그러나 내비게이션과 달리 하나님의 말씀은 완전하고 선하다. 처음에는 익숙하지 않고 내가 알고 있는 삶의 경험과 지식과 맞지 않을 때도 종종 있다. 그러나 그렇게 말씀을 좇아 하나님과 동행하다보면 말씀이 내 삶 가운데 실제가 되고, 그 실제가 강력한 하나님의 임재와 능력으로 나타나는 것들을 종종 경험하게 될 것이다. 왜냐하면 하나님의 말씀을 좇는 자들의 삶에 하나님이 동행해주시기 때문이다.

CHAPTER 4

노아

하나님과 동행하던 에녹이 들림을 받은 후 노아가 태어난다. 노아는 500세가 지나서 세 자녀를 낳는다. 그때 땅은 이미 타락할 대로 타락하여 하나님의 심판을 피할 수 없는 지경에 이르게 된다.

그 가운데 성경은 노아에 대해 다음과 같이 말씀한다.

그러나 노아는 여호와께 은혜를 입었더라

창 6:8

여기서 '그러나'는 거룩하고 놀라운 '그러나'다. 이 '그러나'가 없었다면 세상은 이미 심판으로 끝마쳤겠지만 이 '그러나'로 인하여 세상은 다시 시작할 수 있었다. 그렇게 노아 한 사람이 인류의 운명을 바꾸었다. 성경과 기독교 역사를 통해 깨닫게 되는 것이 있다. 각 시대마다 하나님 앞에 바로 서 있으려고 몸부림치며 그분의 뜻을 좇아 살고자 했던 사람들은 많은 무리가 아니라 늘 소수의 사람들이었다는 사실이고, 때로는 한 사람이 그 외로운 믿음의 싸움을 감당했다는 것이다. 한 사람이 소수를 깨우고, 그 소수가 함께 몸을 던져 공동체를 살리고, 민족을 살리고, 시대를 살린다.

하나님과 동행하는 믿음의 과정

이것이 노아의 족보니라
노아는 의인이요 당대에 완전한 자라
그는 하나님과 동행하였으며
창 6:9

노아가 의인이며 당대에 완전한 자라는 말씀의 구체적인 모습을 성경은 "그는 하나님과 동행하였으며"라고 설명한다. 하나님은 이 노아에게 그 시대 하나님이 행하실 일들을 나누고 그 일에 노아를 초청하신다. 성경을 보면 많은 경우 이 원리와 순서에는 변함이 없다. 자신이 살고 있는 시대에 타협하지 않고 온전히 하나님과 함께하고자 몸부림치는 자들에게 하나님은 나타나서서 하나님이 그 시대 가운데 행하실 은밀한 일을 나타내고 초청하신다.

하나님께 헌신하겠다는 많은 청년들이 이 믿음의 과정은 통과하지 않은 채 크고 놀라운 시대적 부르심만을 구하는 것을 보면 안타까움을 감출 수 없다. 우리는 먼저 우리가 살고 있는 이 시대 가운데 바로 서서 하나님과 동행하는 삶을 살아내야 한다. 그러면 그다음에 하나님께서 그분의 계획에 나를 초청하신다.

그렇게 시작된 노아의 방주 작업은 홍수가 시작될 당시 노아의 나이가 600세라고 기록된 것을 보면 근 100여 년에 걸쳐서 진행되었다는 것을 알 수 있다. 상상할 수 있겠는가? 하나님께서 하늘에서 비를 내려 홍수를 일으키리라 하셨지만 정작 그것이 무엇인지 충분히 이해할 수 없던 시대에 배를 만드는 일, 그것도 바닷가가 아니라 산 중턱에서 100여 년 동안 묵묵히 그 일을 감당한다는 것은 결코 만만치 않은 일이다.

사실 이것이 하나님의 부르심을 따라 동행하는 자들에게 있는 도전이다. 비가 올 테니 방주를 지으라 말씀하신 하나님께서 방주가 만들어지는 과정에서, 특히 주변 사람들이 노아를 조롱할 때라도 비를 좀 뿌려주시고 어떤 사인(sign)을 보내주시면 얼마나 힘이 나겠는가. 노아도 자신을 놀리던 사람들에게 "봐! 이게 그 비야. 내가 말했잖아…" 그러면서 힘을 내서 더 열심히 방주를 만들지 않았을까? 그러나 안타까운 것은 방주가 완성되기까지 하늘은 시퍼렇게 맑고 별다른 사인도 확증도 없었다는 사실이다. 노아는 오직 말씀만 좇아 그 일을 감당한 것이다.

노아가 얼마나 대단한 사람인지 이 한 구절에 나와 있다.

노아가 그와 같이 하여
하나님이 자기에게 명하신 대로
다 준행하였더라

창 6:22

"명하신 대로 다 준행하였더라" 더 이상 무슨 말이 필요한가. 동행한다는 의미는 너무 깊고 영적이어서 추상적인 개념이 아니라 매우 실제적이고 구체적이다. 하나님이 말씀하시는 그대로 순종하는 삶, 그것이 하나님과 동행하는 삶이다. 그렇게 인도하시는 주님의 말씀, 그분의 음성을 듣기 위해 우리는 그분에게 집중하는 것이다. 이 과정이 주님과 마음을 합하고 한 방향으로 나아갈 수 있는 믿음의 태도를 기르는 시간이다.

경청하라!

너무 바빠서 또는 더 놀랍고 위대한 일을 하고 싶어서 그분의 세미한 음성과 인도하심을 놓치고 있다면, 안타깝지만 하나님과 동행하는 삶과는 거리가 멀다. 그 끝은 주님이 인도하시는 방향과 상당히 멀어질 가능성이 크다. 지금 자신이 살고 있는 시대에 의인이며 온전한 자로 하나님과 동행하기를 원한다면 조건은 하나다. 그분에게 모든 초점을 맞추어 그분이 지금 뭐라고 말씀하시는지를 경청하라!

주님이 하신 표현을 인용하여 강조한다.

"내가 다시 말하노니 경청하라, 경청하라, 경청하라!"

경청하는 태도와 마음이 바로 솔로몬이 구했던 '지혜'다. 원어적인 의미는 "듣다", "경청하다", "순종하다"로 '들을 수 있는 마음', '경청할 수 있는 마음', '순종할 수 있는 마음'이다. 이 마음이 우리가 주님의 인도하심을 받아 그분과 동행할 수 있도록 한다. 이 마음은 겸손한 상태를 나타낸다. 경박하지 않고 급하지 않고 때로는 자기 열정으로 말미암아 하나님보다 앞서려고 하지도 않는다. 세상을 향한 안타까운 마음보다 그 모든 것 위에 역사하시는 주님을 더 신뢰함으로 잠잠할 수 있는 마음이다.

나는 나를 신뢰하지 않는다. 나의 마음도 생각도…. 오해 없기를 바란다. 나는 누구보다도 자신감과 열정으로 충만하고 헌신할 준비 또한 되어 있다. 그러나 그것을 구체적으로 풀어내고 실행하는 데는 나의 기준 또는 내 안에 있는 그 어떤 것을 토대로 하지 않기로 결정했다. 물론 이 결정이 나의 미성숙함으로 아주 가끔은 삐걱댈 때도 있지만 말이다. 오직 그분의 말씀과 인도하심을 신뢰한다. 이해에 앞서 그분을 신뢰함으로 순종하며 따라간다. 나보다 더 크시고, 더 완전하시고, 세상을 이처럼 사랑하시는 하나님을 신뢰함으로 그분과 함께 하고자 하는 것이다.

경외하라!

노아에게도 이 과정이 있었으리라 믿는다. 모든 상황과 때때로 자기 안에 밀려오는 혼란과 답답함에도 불구하고 그는 하나님이 자신에게 명하신 말씀 그대로 준행하기를 마친다. 이것이 동행이다. 그리고 이 동행이 하나님의 일을 가능하게 만든다. 결국 방주가 완성되자 하나님이 말씀하신 그대로 큰 깊음의 샘들이 터지고 하늘의 창문들이 열려 사십 주야를 비가 땅에 쏟아져 땅 위에 모든 것들이 사라지게 되었다.

방주 안으로 들어가 있던 노아의 마음이 어떠했을까? 정확히 알 수는 없지만 "어휴, 살았다. 거 봐, 내가 뭐랬어!" 이런 안도의 한숨을 내쉬기보다는 두려움이 엄습했을 가능성이 크다. 말로 형용할 수 없는 하나님을 향한 두려움, 이것이 경외함이다. 하나님을 떠난 자들이 갖는 두려움과 달리 하나님을 경험한 자들이 갖는 두려움은 하나님의 하나님 되심으로 인한 경외함이다. 이때 우리는 오직 한 가지 반응밖에 할 수 없다. 그것은 하나님 앞에 엎드려 하나님을 경배하는 것이다.

노아도 마찬가지였다. 그가 방주에서 나와 했던 첫 번째 믿음의 행동은 제단을 쌓고 하나님을 경외함으로 번제를 드리는 것이었다.

> 노아가 여호와께 제단을 쌓고
> 모든 정결한 짐승과 모든 정결한 새 중에서 제물을 취하여
> 번제로 제단에 드렸더니
> 창 8:20

하나님께서 그 번제를 받으시고 동일하게 생육하고 번성하여 땅에 충만하라고 복을 주신다. 두려움(경외함) 가운데 있는 노아와 그의 가족들에게 무지개 언약으로 그 마음을 위로하신다.

> 하나님이 노아와 그 아들들에게 복을 주시며
> 그들에게 이르시되 생육하고 번성하여 땅에 충만하라
> 창 9:1

미련하고 때로는 답답해 보여도 말씀 그대로 듣고 순종하

는 삶을 통해 하나님이 얼마나 놀라운 역사를 이루실는지 아무도 가늠할 수 없다. 왜냐하면 우리에게 말씀하시고 우리를 인도하시는 하나님이 우리 인간의 생각으로는 결코 가늠이 안 되는 분이시기 때문이다.

그래서 나는 말씀 앞에 나아갈 때 결코 가볍게 나아가지 않는다. 기록된 말씀을 통해 오늘 내게 말씀하시는 주님의 음성을 듣기 위해 묵상할 때, 예배 가운데 선포되는 하나님의 말씀을 대할 때, 기도할 때 심령 가운데 부어지는 주님의 세미한 음성을 들을 때 결코 경솔하게 나아가지 않으려고 노력한다. 왜냐하면 하나님은 지금도 살아 계셔서 역사하는 분이심을 믿기 때문이며, 동시에 그 세미한 한 마디 말씀에 순종하며 따라갈 때 어떤 일들이 일어나는지 알기 때문이다. 하나님만이 내실 수 있는 길로 나를 인도하시는 말씀이기 때문이다.

교제하라!

불편하지만 여기에 한 가지 덧붙이고 싶은 것이 있다. 흔히 하나님의 음성과 인도하심을 좇아 사는 삶을 강조하다보면 대두되는 신학적 이슈가 있다. 바로 직통계시라는 표현이다. 한 개인이 주님의 음성을 듣고 인도하심을 좇아간다고 하면 "그럼 당신은 하나님의 직통계시를 받는 사람입니까?"라고 질문하는 분들이 있다. 나는 여기서 이 점을 신학적으로 논할 마음이 없다. 다만 내가 믿는 성경에서 강조하고 가르치는 한 가지가 있다면, 하나님은 인격이고 영이시며 우리도 인격적인 존재이자 동시에 영적인 존재로 창조되었다는 사실이다.

따라서 우리는 그분과 교제하며 소통하는 것이 가능하다. 만약 그렇지 않다면 우리가 믿는 하나님이 사람이 만들고 지어낸 종교의 신들과 다르다는 것을 무엇으로 증명할 수 있겠는가? 하나님께서 성경 말씀을 주심으로 우리에게 이미 다 말씀하셨다고 하는 의견도 있는데, 어떤 인격적인 존재가 "내가 장문의 편지를 주었으니 이제부터 너희는 나와 교제하기 위해서 그 편지를 참고하라. 귀찮게 나를 개인적으로 찾지 말고. 또 그럴 수도 없느니라"라고 말하겠는가? 오히려 그 편지를 통해 더 깊은 교제와 만남으로 나오라고 초청하신다는 말이 맞지 않겠는가?

무엇보다 나는 주님이 우리에게 이 부분에 대해서 이미 정확히 말씀하셨다고 믿는다.

내 양은 내 음성을 들으며

My sheep hear my voice

요 10:27

물론 주님의 음성과 인도하심을 받고 그의 몸인 교회의 질서를 통해 점검받는 과정은 필요하다. 그 과정을 통해서 흔히 음성을 듣고 인도하심을 받았다고 하는 사람들이 저지르기 쉬운 황당한 실수로부터 보호받을 수 있다고 믿는다. 이 점은 목회자들도 마찬가지다. 목회자가 성령의 감동으로 주님의 말씀을 깨닫고 교회 전체에 또는 많은 사람들에게 영향을 끼치는 중요한 결정을 내리고 시행했으나 낭패를 보는 경우도 있다. 우리 중 어느 누구도 완전하지 않다.

그러므로 삶의 중요한 결정과 인도하심과 음성은 신뢰할 수 있는 영적 리더나 기도하는 사람들을 통해 확인하고 점검을 받는 것이 건강하다. 그 음성과 인도하심이 정말 주님으로부터 온 것이 맞는다면 주님은 동일하게 영적으로 깨어 기도하며 인도하심을 구하는 자들을 통해 분명히 확인해주실 것이다.

그러나 이 자체를 부인한다면 그것은 더 이상 하나님께서 인격적인 분도, 우리와 교제하실 수 있는 분도 아니라는 주장과 같은 말이 된다. 그러면 우리가 무엇으로 그분이 지금도 살아 계시고 역사하시는 분임을 알 수 있다는 말인가? 구약에서도 당신의 종들에게 말씀하셨고, 신약에서도 당신의 종들에게 말씀하신 하나님께서 성경을 주셨으니 이제 더 이상 말씀하지 않으신다? 구약의 말씀을 주신 이후에도 하나님은 여전히 신약 시대에 당신의 종들에게 찾아오셔서 말씀하셨다. 그렇다면 왜 신약성경 이후부터는 더 이상 말씀하시고 인도하시지 않는다고 주장하는가?

나는 성경의 말씀을 믿는다. 그러므로 하나님은 지금도 당신의 백성들에게 찾아오셔서 말씀하시고 인도하시는 인격이며 영이심을 믿는다.

CHAPTER 5

아비의 수치

홍수 이후 농사를 시작하여 첫 농사를 수확한 노아는 이전과 너무 다른 모습으로 우리를 당혹스럽게 한다. 나는 개인적으로 포도주에 취하여 누운 노아의 모습에서 오늘날 우리 아비들의 연약한 모습을 볼 수 있었다. 그들은 일제 강점기와 6.25 전쟁을 겪고 나서 정말 아무것도 남지 않은 이 조국 땅에서 어떻게든지 살아남기 위해 몸부림치며 후손들에게만큼은 더 나은 세상을 물려주어야 한다는 신념으로 산 세대들이다. 의지할 것이 아무것도 없던 시절, 먹고 자는 시간을 제외하고 몸이 부서지도록 일하면서도 차가운 교회 바닥에 앉아 살려달라고, 도와달라고, 역사해달라고 하나님께 절규하며 몸부림쳤던 우리 할아버지 할머니 그리고 아비와 어미 세대들이다.

굶기를 밥 먹듯 하면서 자식들만은 절대로 굶기지 않겠다고 악착같이 버텨온 분들이다. 오죽하면 식사하셨느냐가 인사였겠는가. 그들의 눈물과 헌신 그리고 믿음의 간구를 통해 이 땅에 복음이 꽃피웠고, 어느덧 먹고사는 문제가 해결되어 갔다. 그 결과 그들의 어깨를 짓누르던 무거운 짐들이 사라지면서 동시에 어려운 시절을 함께 겪은 사람들도 하나둘 스러져갔을 것이다.

이제는 안도의 한숨을 내쉴 만한 때가 되었을 때 그들 안에 주마등처럼 수만 가지 생각과 감정이 지나갔을 것이다. 그중에는 후회해도 이미 늦은 많은 실수, 부끄러운 모습도 있었으리라. 우리의 부모 세대인들 무거운 짐을 내려놓고 무언가에 자신을 맡긴 채 잠시나마 모든 것을 잊고 싶지 않았겠는가. 노아처럼 포도주를 마시고 취하여 장막 안에서 벌거벗은 것과 같은 연약함을 드러낸 일들이 종종 있었을 것이다.

오해하지 않기 바란다. 나는 그것이 정당하다거나 없던 일로 덮어버려야 한다고 말하는 것이 아니다. 먼저 우리에게 그런 우리의 아비와 어미를 이해하고자 하는 마음의 태도가 있어야 한다는 것이다. "그래도 그것은 너무 심하다…", "말도 안 된다…" 사람들은 이렇게 쉽게 평가하고 또 무섭게 판단한다. 하지만 더 말이 안 되는 것은 전쟁 이후 폐허가 된 나라, 세계에서 두 번째로 못살던 나라에서 지금 우리가 오늘과 같은 나라에 이르게 되었다는 사실이다.

조심스럽지만, 그 시간을 직접 통과하지 않았으면서 너무 쉽게 자신의 지식과 관점으로 앞선 세대들을 판단하거나 정죄하는 것은 아닌가? 영화 〈명량〉에서 모든 전투가 끝나고 노를 젓던 수군 병사들이 나누던 대사가 떠오른다. 한 군사가 "우리의 후손들이 우리가 이렇게 개고생 한 것을 알까?"라고 말하자 또 다른 군사가 다음과 같이 대답한다.

"모르면 후레자식이지!"

미안한 말이지만 이 시대에 후레자식들이 많다. 물론 개인적인 생각이라고 할 수도 있다. 하지만 아비 세대들의 수많은 공로에 비해 상대적으로 적은 그들의 수치를 빌미삼아 도매금으로 넘기려는 자세와 태도는 너무 안타깝다.

아비의 수치는 자녀의 수치다

이와 비슷한 사건이 노아와 그의 아들들 사이에서도 일어난다. 방주에서 나온 후 노아는 포도 농사를 지어 추수한 후 포도주를 만들어 몸을 가눌 수 없을 정도로 취하여 벌거벗은 채 장막에서 곯아떨어진다. 아무리 좋게 표현하려고 해도 달리 방법이 없다. 물론 우리는 그 후 사건을 잘 알고 있다. 벌거벗은 아비의 몸을 본 함이 아비의 수치를 그대로 두 형제에게 떠벌렸고, 다른 두 아들인 셈과 야벳은 아비의 벗은 몸을 보지 않기 위해 뒷걸음쳐 들어가서 아비의 하체를 가린 것이다.

이들의 행위에 대한 성경적 해석 이전에 노아의 모습을 먼저 살펴보기 원한다. 질문은 "왜?", "노아는 도대체 왜 이랬을까?"라는 것이다. 물론 성경은 이 부분에 대해서 아무 언급을 하고 있지 않다. 다만 본문 말씀을 토대로 부족하지만 그 당시 노아의 마음을 이해해보려는 시도를 하고자 한다. 나 역시 이 말씀에 오래 머물며 그의 마음을 이해하고자 성령님께 조명해주시기를 구한 적이 있었다.

사람의 죄악이 땅에 가득하고 그 행사가 항상 악하여 하나님께서 결국 심판하실 수밖에 없던 상황 가운데서도 하나님 앞에 바로 서기 위해 몸부림친 노아가 아니었던가? 더욱이 그는 방주를 준비하며 마지막 순간까지 하나님이 자기에게 명하신 대로 다 준행했던 사람이다. 그런데 우리가 다 이해할 수 없어도 그 과정에서 수많은 말과 생각으로 노아 자신도 흔들릴 때가 있었으리라 상상해볼 수 있다.

오랜 시간 방주를 짓기도 어려운데 사람들의 조롱과 멸시를 견디기는 더욱 쉽지 않았을 것이다. 마지막으로 칠 일 후면 사십 일 밤낮으로 땅에 비를 내리겠다고 하신 하나님의 말씀을 듣고 나서 자신의 가족과 모든 짐승을 방주 안으로 들여보내는 그의 마음은 아마 끝까지 안타까웠을 것이다.

결국 그는 하나님의 말씀대로 비가 땅의 모든 것을 삼키는 것을 목도하게 된다. 방주의 문이 닫히고 비가 내리기 시작했을 때 수많은 사람들이 살기 위해서 방주를 향해 울부짖으며 달려들 때에도 그는 방주 안에서 그저 듣고 있어야만 했다. 노아도 땅을 딛고 살았던 사람이니 자신이 알고 지내던 사람들의 얼굴이 주마등처럼 지나갔을 것이다. 이윽고 사람들이 비명소리와 함께 물속에 잠겨 모든 것은 그렇게 사라졌다.

홍수가 그치고 물이 온 땅을 뒤덮어 방주 안에서 지낼 때 그리고 지면에서 물이 줄어들어 방주에서 나와 다시금 하나님의 약속의 말씀을 받았을 때, 농사를 시작했을 때 그의 생각이나 감정은 어떤 상태였을까? 앞서 나누었던 안도의 한숨이 아닌 주체할 수 없이 격앙된 감정과 복잡한 생각이 그를 사로잡았을 것이다. 아마 밭을 갈면서도 몇 번이고 흐느끼며 떨었을지 모른다. 때때로 너무 조용하고 아무도 없는 세상에서 당혹감을 감출 수 없었을 것이다. 마치 생사를 넘나들던 전쟁터를 떠나온 군인이 평온한 일상의 삶을 어떻게 감당해야 할지 몰라 혼란스러워하는 고통과 비슷하다.

미처 정리되지 않은 감정과 생각으로, 때로는 안타까움과 두려움 사이에서 방황하는 동안 어느덧 그해 포도 농사를 수확하게 되었고, 노아도 잠시나마 모든 시름을 잊고자 포도주에 자신을 맡겼지 않았을까? 물론 그 모습이 경건하거나 아름다운 모습은 아니다. 정당화 시키고 싶은 모습도 아니다.

다만 그가 아무리 의인이요 당대에 완전한 자이며, 하나님의 말씀을 따라 평생을 동행한 사람이라 할지라도 그 역시 여전히 사람이다. 셋이 아들을 낳아 '에노스', "연약하고 깨지기 쉽다"라고 고백한 것처럼 노아 역시 오직 하나님의 은혜로 살아갔던 연약하고 깨지기 쉬운 사람이다.

안타깝게도 그런 아버지 노아가 겪은 모든 일을 망각한 채 자기 눈앞에 벌거벗은 부끄러운 모습만을 비판한 아들이 바로 함이다. 아비의 벗은 수치를 보고 나와 떠들어버리고 만 자식이다. 아비가 얼마나 힘들고 아팠을지 전혀 헤아리지 못하는 무지하고 참으로 어리석은 아들이었다.

더 안타까운 것은 본인이 그 수치스러운 아비의 믿음의 수고로 생명을 건진 자녀라는 것을 모르고 떠든다는 것이다. 우리도 우리의 아비와 어미의 자녀들이다. 따라서 그들의 수치가 곧 우리의 수치라는 것을 알아야 한다. 아비가 이룩한 모든 것을 누리고 살면서 아비의 수치와 연약함을 드러내고 떠든다면 그것은 정말 지혜롭지 못하다.

이 부분에서 성경은 우리에게 분명한 메시지를 주고 있다. 아비의 수치를 드러낸 함에 대한 노아의 저주와 아비의 수치를 가린 셈과 야벳에 대한 축복의 말이 모두 그대로 이루어진 것이다. 하나님이 그렇게 되도록 허락하셨다고 믿는다.

아비를 공경하라

오늘의 시대를 살아가고 있는 우리에게 이 사건은 매우 중요한 교훈을 준다. 지금은 우리가 아비와 어미의 수치를 드러내고 떠들 때가 아니라 그것을 함께 아파하며 "그러면 우리는 어떻게 할 것인가?" 고민하고 실행해야 할 때이다. 대안 없는 비판과 정죄는 아무에게도 유익하지 않다.

나도 내 아버지의 연약함과 부족함을 기억한다. 그러나 거듭나고 나서 아버지를 조금이나마 이해하게 되었을 때 성령님께서는 아버지를 용서하고 감사하도록 인도해주셨다. 아버지는 어렸을 때 고아로 자라 남의 집 머슴살이부터 시작해서 맨손으로 자수성가하신 분이셨다. 그렇기 때문에 아버지는 한 가정의 가장으로서 어떻게 섬겨야 하는지, 아버지로서 어떻게 자녀를 키워야 하는지, 어느 누구에게도 배우지 못하셨다.

그런 아버지에게 내가 배운 가정교육과 자녀교육에 대한 기본 상식에 비추어보니 아버지는 기본도 못 해주지 않았느냐고 쉽게 말할 수 있겠는가? 우리 기준에 맞게 하시도록 내 아버지와 어머니를 고치면 되겠는가? 그렇게 평생을 살아오신 분들이다. 그 분들을 우리 기준에 맞게 고치라고 하는 것이 맞겠는가? 그 분들의 연약함을 끌어안고 우리가 이해하려고 노력하는 것이 맞겠는가?

성경은 다음과 같이 말한다.

너는 네 하나님 여호와께서 명령한 대로

네 부모를 공경하라

그리하면 네 하나님 여호와가 네게 준 땅에서

네 생명이 길고 복을 누리리라

신 5:16

단도직입적으로 말하겠다. 땅에 사는 동안 오래 살고 복을 누리고 싶은가? 그렇다면 부모님을, 그리고 우리의 앞 세대들을 공경하라. 여기서 말하는 '공경하다'는 "무겁다", "엄중하다", "존경하다"라는 의미로, 간단히 말해서 함부로 대하지 말라는 뜻이다. 나의 부모나 우리의 앞 세대에게 나의 기준과 나의 상식, 나의 지식으로 함부로 경박하게 대하지 말라는 것이다. 먼저 그 분들을 이해하라. 연약하고 부족한 모습이 보일 때마다 그 연약함을 함께 감당하고자 하면 하나님께서 복을 주시겠다고 말씀하신다.

너무 똑똑한 세대들이여, 우리는 기억해야 한다. 우리도 언젠가 부모 세대가 될 것이다. 우리가 부모 세대가 되더라도 우리는 그러지 않을 거라고 주장하는 사람들이 있다. 그러면 내가 질문하겠다. 나는 절대 그렇게 되지 않을 거라고 하면서 앞 세대를 비판하고 정죄하는 자들이 그들의 연약함을 답습하지 않을 가능성이 높겠는가? 아니면 그들의 연약함과 아픔

을 끌어안고 이해하고자 하는 자들이 그 연약함을 극복할 가
능성이 높겠는가?

PART 3

갈대아 우르에서

: 하나님의 반격

CHAPTER 1

|

시날 평지

방주에서 나온 노아의 세 아들들은 하나님의 말씀대로 생육하고 번성하고 땅에 충만하기 위하여 이동을 시작한다. 그중 일부가 창세기 11장에 나오는 대로 시날 평지에 이르게 되는데, 어떤 이유에서인지 시날 평지에 도착한 후에 더 이상 이동하지 않고 그 땅에 머물게 된다.

바벨의 성읍과 탑

그리고 가인이 했던 것과 사뭇 같은 일들을 시작한다. 이미 하나님의 심판을 경험한 그들이 하나님의 말씀을 따라 동방으로 옮기다가 왜 이곳에 자리를 잡고 더 이상 움직이려 하지 않고, 하나님을 떠나서 나간 가인과 똑같은 일을 반복했는가? 이 질문의 답을 얻기 위해서는 시날 평지를 이해해야 한다. 시날 평지는 위로 티그리스 강과 아래로 유브라데 강 유역으로, 세계 4대 문명 중 하나인 메소포타미아 문명이 일어난 곳이다. 이 두 강이 가장 가깝게 만나는 곳이 바로 시날 평지다. 시날 평지 아래쪽이 우리가 잘 아는 갈대아 우르이고 약간 왼편 위쪽이 바벨이다.

하나님의 말씀을 따라 생육하고 번성하여 땅에 충만하기 위해 이동하던 이들의 눈앞에 드넓고 비옥한 평지가 펼쳐진 것이다. 한마디로 이전에 경험해보지 못한 끝없는 평지를 보고 눈이 획 돌아갔다. 이곳만 확보한다면 후손 대대로 먹고사는 문제가 해결될 수 있을 것 같기 때문이다.

그래서 이들은 하나님의 말씀을 거스르면서까지 그 땅을 취하고자 머물기로 작정한다. 하나님 앞을 떠나서 나간 가인과 같이 이들도 시날 평지 가운데 큰 성읍을 건설하여 자신들의 소유로 삼고자 했고, 성읍 가운데 그 끝이 하늘에 닿을 수 있는 탑을 건설하기 시작한다.

그런데 여기서 우리가 눈여겨볼 것이 하나 있다. 시날 평지를 차지하기 위해 큰 성읍, 도시를 만드는 것은 상식적으로 이해가 된다. 그런데 그 가운데 왜 탑을 쌓았는지는 쉽게 이해가 되지 않는다. 그것도 탑 꼭대기가 하늘에 닿을 만큼 어마어마한 탑을 말이다.

여기에는 영적인 이유와 실제적인 이유가 있다. 영적인 이유는, 땅에 흩어져서 충만하라는 하나님의 말씀에 순종함으로 하나님 앞에 나아갈 수 있던 이들이 이제 불순종함으로 하나님께 나아갈 수 있는 길이 묘연해진 것이다. 결국 하나님의 은혜로 나아가는 것이 아니라 자기 힘으로 탑을 꼭대기까지 쌓아서 나아가겠다는 것이다.

인류는 홍수 심판을 통해 이미 불순종의 결과를 체험했다. 그래서 하나님의 말씀에 불순종하여 그 결과 다시 심판이 임하더라도 탑을 하늘에 닿게 하여 영적인 문제와 더불어 실제적으로 심판을 피할 수 있다는 두 가지 문제를 한꺼번에 해결하는 묘책을 찾아낸 것이다.

스스로 하나님 되고자 하는 자리

또 이왕 이렇게 된 바에야 노골적으로 하나님의 뜻을 거슬러 다음과 같이 작정한다.

우리 이름을 내고 온 지면에 흩어짐을 면하자 하였더니
창 11:4

어차피 하나님과 줄긋기 끝내고 정리가 되었으니, 이제 더이상 땅에 흩어져서 하나님의 영광을 드러내는 일 따위에 관심도 없다. 이제 그들은 높은 탑과 성읍을 건설하여 자신들의 이름을 드러낼 것을 결심한다. 이 모습은 하나님을 떠난 인류가 공통적으로 보여준 모습이다. 선을 긋고 자기 것을 확보한 다음에는 스스로 하늘에 오르고자 영적으로는 종교(Religion)를, 실제적으로는 테크놀로지(Technology)를 개발하여 자신들의 한계를 뛰어넘어보겠다고 몸부림치는 것이다.

결국 그런 자신들의 업적을 통해 이름을 내겠다는 것이 인류 모든 세대의 공통적인 모습이고 이것이 바벨에 이미 모두 나와 있다. 하나님 중심의 피조물이던 인류가 자기중심적 우상숭배로 나아가는 모습이다.

골로새서 3장에서도 이미 다음과 같이 지적하였다.

> 그러므로 땅에 있는 지체를 죽이라
> 곧 음란과 부정과 사욕과 악한 정욕과 탐심이니
> 탐심은 우상 숭배니라
> 이것들로 말미암아 하나님의 진노가 임하느니라
> 골 3:5,6

이 말씀을 눈여겨보라. 전부 육신의 죄악들에 대해 나열하고 있다. 그러나 그것이 결국은 어디로 귀결되는가? 우상숭배다. 모든 죄는 자신을 높이고 자기 이름을 드러내고 스스로 하나님이 되고자 하는 자리까지 나간다. 더 놀라운 것은 이 사건을 통해 그들의 언어가 혼잡해져서 다시 온 땅에 흩어짐을 당했어도 인류는 계속해서 성을 쌓고 탑을 쌓는다. 지금도 탑을 쌓고 있다.

땅이 좁아서가 아니다. 여전히 전 세계 유명한 도시에 모두, 놀랍게 단 하나의 예외도 없이, 하늘까지 올라가려고 높디높은 빌딩 탑을 쌓으며 경쟁한다. 그렇게 해서 자신들의 이름을 내고자 혈안이다. 인류가 추구하는 죄의 방향은 근본적으로 변함이 없다. 모양이나 사이즈만 바뀌지 항상 똑같다.

더 놀라운 것은 그들이 하나님의 말씀을 대적하며 성읍을 건설하고 탑을 쌓는 그 일을, 하나님이 인간에게만 허락하신 창조적 능력으로 행한다는 사실이다. 돌 대신 벽돌을 만들고 흙 대신 역청을 쓴 것은 창조주 하나님이 인간에게 허락하신 창조적 능력을 발휘하여 바로 창조주 하나님을 대적한 것이다. 창조의 능력으로 "우리 이름을 내고 온 지면에 흩어짐을 면하자" 이렇게 대놓고 하나님을 대항했다.

이 기막힌 인류의 모습이 지금도 마찬가지라는 말이다. 우주까지 가겠다고 우주선을 쏘아 올리고, 끊임없이 생명 연장에 도전하고, 온갖 테크놀로지를 개발하며 이 모든 것을 하나님 없이 할 수 있다고 시도하지만 그것은 하나님 앞에서 함부로 까부는 것이다.

나는 인류가 지금까지 존재할 수 있는 유일한 이유가 전적인 하나님의 긍휼과 은혜라고 믿는다. 가끔 혼자 생각해본다. '만일 내가 하나님이었다면 세상은 어떻게 되었을까?' 두말할 필요가 없다.

"다 죽었어!"

시날 평지의 유혹

인류가 벌이는 이 기막힌 현장에 하나님이 친히 찾아오셨다. 그리고 이렇게 말씀하신다.

자, 우리가 내려가서 거기서 그들의 언어를 혼잡하게 하여
그들이 서로 알아듣지 못하게 하자 하시고
여호와께서 거기서 그들을 온 지면에 흩으셨으므로
그들이 그 도시를 건설하기를 그쳤더라
창 11:7,8

나는 가끔 성경 안에서 하나님의 유머러스한 표현들을 발견하고 웃지 않을 수 없다. 이 말씀을 창세기 11장 3,4절과 대조해보라.

"자, 벽돌을 만들어 견고히 굽자 하고… 자, 성읍과 탑을 건설하여 그 탑 꼭대기를 하늘에 닿게 하여…"

그러자 하나님이 말씀하신다.

"자, 우리가 내려가서 거기서 그들의 언어를 혼잡하게 하여… 그들을 온 지면에 흩으셨으므로"

인간이 아무리 "자, 우리가…" 이렇게 해봤자 하나님이 "그래? 자, 우리도…" 이렇게 하시면 인간의 모든 행사와 수고는 모래 위에 지은 집처럼 사라진다. 하나님은 지금도 우리의 모든 행사를 지켜보고 계신다. 아무리 우리가 "자, 우리가…" 해도 선을 넘으면 하나님께서 말씀하신다. "그래? 그럼 자, 우리도…" 그 결과는 '바벨'이다. 바벨의 어원적 의미처럼 혼돈과 허망함으로 마치게 된다. 그러므로 우리가 추구하는 모든 행사는 항상 그분의 의중과 함께 가야 한다. 그 위에 하나님의 지지하심이 임할 때 비로소 역사가 일어난다.

하나님의 뜻을 거슬러서 일어난 모든 나라, 왕조, 문화, 종교, 사상이 결국 선을 넘을 때마다 하나님은 간섭하셨고 흩어 버리셨다. 이것이 인류의 역사이다. 그러나 사람들은 지금도 여전히 "자, 우리가 도시를 건설하고 탑을 쌓아 하늘에 닿자!" 하고 있다. 과연 미래가 보이는가? 어느 시점이 되면 하나님께서 이 모든 것을 다 흩으시고 종국에는 모든 것을 새롭게 하실 때가 올 것이다. 이미 성경에 말씀하신 그대로 말이다.

그 발단이 시날 평지라고 볼 수 있다. 끝이 보이지 않게 눈앞에 펼쳐진 비옥한 땅…. 그러나 두려움의 문제와 마찬가지로 시날 평지에 대한 유혹은 눈앞에 보이는 시날 평지의 문제가 아니다. 눈에 보이는 것에 반응하는 우리 마음의 중심이 문제이다. 이것을 죄성(罪性)이라고 한다. 평소에는 잘 모르다가도 눈에 보이는 유혹과 문제 앞에서 이 죄성이 발동이 걸리는 것이다.

이 죄성을 다스리는 유일한 길이 시날 평지를 떠나는 것은 아니다. 그것은 금욕주의다. 안 보이면 괜찮은 것 같은가? 그것은 근본적인 대안이 될 수 없다. 유일한 대안은 살아 계신 하나님과의 대면이다. 예수 그리스도의 십자가 복음을 통해 살아 계신 하나님을 만남으로 그 하나님이 어떤 분이신지 실제적으로 경험하게 될 때, 그리고 그분과의 지속적인 만남을 통해 경험적으로 그분을 알아갈 때 우리 안에 시날 평지를 바라보는 죄성(罪性)이 아니라 영원한 하나님의 나라에 반응하는 영성(靈性)이 일어나게 된다.

결국 영의 것이 나에게 더 실체가 될 때 우리 눈에 보이는 시날 평지를 이길 수 있는 내공, 즉 영적인 힘이 생기게 된다. 물론 이런 영성이 단기간 철야를 한다고 갑자기 부어지지는 않는다. 오랜 시간 하나님과의 영적 교통을 통해 쌓여가는 것이다. 이 영적 여정이 믿음의 조상 아브라함의 삶 가운데 나타난다.

CHAPTER 2

믿음의 여정

나는 사역의 특성상 여러 나라와 교회를 다니며 다양한 목회자분과 성도님들을 만난다. 놀라운 것은 수많은 분들을 만나지만 같은 분은 한 명도 없다는 사실이다. 어떤 분은 자유분방하여 격식에 얽매이지 않고, 어떤 분은 잘 준비된 모범생 분위기가 물씬 풍긴다.

어떤 목사님은 마치 시골 이장님 같으시다. 교회 마당에 나와 앉아 지나가는 모든 사람에게 인사를 건넨다. 식사했는지 물어보고, 못했다고 하면 식사하고 가라고 손을 잡아끌고, 일이 없다고 하면 내일부터 나오라고 한다. 일당은 얼마고 일은 좀 힘들다고 격의 없이 편하게 나누신다. 마치 초야에 묻힌 고수(高手), 은자(隱者)와 같은 분위기가 인상적이다. 작은 교회 시골 목사님 같아도 함부로 범접할 수 없는 힘이 느껴지는 분이다.

성도가 몇천 명 이상 되는 서울의 어느 교회에서 만난 부목사님은 마치 대기업의 기획실장님 같고 담임목사님은 범상치 않은 회장님 같은 분위기였다. 세련되고 조직화된 교회 사무실 분위기가 이런 느낌을 한층 더한다.

이렇게 다양한 목회자와 성도님들 안에 너무나 다른 배경과 환경 그리고 기질의 사람들이 있는 것을 볼 수 있다. 그러나 이야기를 나누며 교제하다보면 사람은 결국 성경적으로 세 부류로 귀결되는 것 같다.

첫째, 예수 그리스도의 십자가 복음으로 구원을 받아 자신이 누구인지를 발견하고, 하나님의 창조와 구원의 목적인 데스티니(Destiny)를 깨닫고 이루신 분들이 있다. 둘째, 반대로 하나님의 창조와 구원의 목적을 발견하지도 이루지도 못한 분들도 있다. 셋째, 나머지 한 부류는 주님 안에서 삶의 목적을 발견하고 이루어가는 과정에서 그 도전을 포기하고 끝마치는 분들이다. 사역의 사이즈나 세상적인 성공 여부를 떠나 사람들은 오직 이 기준으로 나누어진다.

인생에는 두 가지 핵심 이슈가 있다. 하나는 아이덴티티(Identity), 즉 '정체성'이다. 다른 하나는 데스티니(Destiny), 즉 창조주 하나님의 목적을 발견하고 이루는 '목적성'이다. 여기서는 편의상 정체성과 목적성이라고 부르겠다. 예수의 복음을 믿고 죄 사함을 받아 거듭남으로 창조주 하나님 안에서 자신이 누구인지를 발견하는 정체성은 앞서 나눈 바 있다. 여기서는 창조주 하나님의 창조와 구원의 목적을 발견하고 이루어가는 목적성에 집중해보고자 한다. 구원받은 성도들에게는 사실 이것이 성공적인 삶의 기준이라고 볼 수 있다.

데라에게 임한 하나님의 부르심

창세기 11장 끝부터 12장을 보면, 매우 짧은 본문 말씀 안에서 우리는 이 세 부류의 사람들을 모두 볼 수 있다. 첫 번째, 창조주 하나님 안에서 자신의 삶을 향한 하나님의 목적을 발견하고 이룬 사람이다. 두 번째, 목적을 발견하고 인도하심을 좇아가다가 중도에 포기한 사람이다. 그리고 마지막, 자신의 삶을 향한 하나님의 목적과 뜻이 무엇인지 모르고 세상이 주는 안락을 좇아 육신의 소욕대로 살다가 사라지는 인생이다.

하나님은 바벨탑 사건 이후 여러 지역으로 흩어졌던 인류 중에서 매우 비옥하고 풍성한 땅 갈대아 우르에서 한 가정을 하나님의 계획 가운데로 초청하셨다. 이 부르심은 아브라함의 아버지 데라에게 먼저 임하였다.

> 데라가 그 아들 아브람과 하란의 아들인 그의 손자 롯과
>
> 그의 며느리 아브람의 아내 사래를 데리고

갈대아인의 우르를 떠나 가나안 땅으로 가고자 하더니

하란에 이르러 거기 거류하였으며

창 11:31

    당시 데라에게는 아브람, 나홀 그리고 하란 이렇게 세 자녀가 있었고, 그때 그의 나이는 70세였다. 그중 하란에게도 동일하게 세 자녀가 있었는데, 안타깝게도 하란은 세 자녀를 낳은 후 갈대아 우르에서 아버지 데라보다 먼저 생을 마감한다. 하란의 세 자녀의 이름은 롯, 밀가, 이스가였는데, 그중에 밀가는 데라의 둘째 아들인 나홀과 결혼한다.

    잠깐 정리해보자. 데라가 70세에 그에게 세 자녀가 있었고, 그 세 자녀 중 마지막 아들 하란이 결혼했을 때 데라의 나이는 대략 100세 전후라고 볼 수 있다. 하란이 자녀를 낳아 그 자녀가 결혼했다면 데라는 대략 120세에서 130세 정도였으리라 추정할 수 있다. 이때 데라가 하나님의 말씀을 받고 자신이 평생 살아온 땅을 떠나기로 결정한 것이다.

    홍수 이후로 그 당시 사람들의 평균 수명을 대략 200세 전후로 본다면 지금보다 두 배가 조금 넘는다고 볼 수 있다. 그렇다면 데라가 그의 아들 아브람과 며느리 사래와 손자 롯을 데리고 갈대아 우르를 떠난 시기를, 지금 우리 시대의 나이로 추정해보면 대략 60세 전후라고 할 수 있을 것이다.

그럼 한 가지 묻겠다. 60여 년이나 살던 고향을 떠나 전혀 알지 못하는 새로운 곳으로 이민을 가야 한다. 그것도 오늘날의 이민과 달리 오히려 대한민국보다 더 못사는 나라로 가야 한다면, 과연 얼마나 많은 사람들이 이 여정에 동참할 수 있을까? 내가 말하고 싶은 핵심은 결코 쉽지 않았으리라는 점이다. 그렇지만 데라는 이 믿음의 여정을 결단한다. 지금보다 더 열악한 환경을 배경으로, 그리고 이주한다는 것이 쉽지 않았을 그때에 데라가 말씀을 따라 인생을 향한 하나님의 목적을 좇는 여정을 시작할 수 있었다면, 지금 우리도 그렇게 할 수 있다고 믿는다.

성경은 영적인 깊은 통찰과 깨달음을 얻는 책이 아니다. 성경은 우리에게 "그러므로 나는 어떻게 할 것인가?"라는 질문을 던지게 하는 하나님의 초청과 도전 그리고 격려의 말씀이다. 창조주의 목적을 따라 사는 삶은 나이나 환경에 제한을 받지 않는다. 믿음이 있다면 우리는 어떤 상황, 어떤 때에든지 시작할 수 있다.

동참하지 않은 사람들

그런데 31절 말씀을 자세히 보면 이때 아버지 데라의 믿음의 여정에 동참하지 않은 사람들이 있다는 것을 발견할 수 있다. 데라의 둘째 아들 나홀과 그의 아내 밀가 그리고 하란의

막내 이스가(이스가는 딸인데 아버지 하란보다도 먼저 죽었다는 설이 있다)는 이 여정에 동참하지 않는다. 물론 그럴 수도 있겠다고 생각할 수 있다. 하지만 유교적 배경이 있는 우리는 이것이 얼마나 황당한 일인지 이해할 수 있다. 이때는 족장 시대다. 대가족을 이루어 그 가족의 우두머리 격인 족장이 가족의 안전과 먹고사는 문제를 모두 책임지고, 대신 다른 가족원들은 그 족장의 권위와 말에 절대적으로 복종한다. 어쩌면 왕보다 더 강력한 권위를 가진 그런 때다.

그런데 이들이 데라의 말을 거부하고 이 여정에 동참하지 않은 것은 왜일까? 앞서 나누었던 것처럼 시날 평지의 특성을 생각해보면 어느 정도 이해가 된다. 천혜의 자연 환경과 오랫동안 살아온 본토 친척 아비 집, 이런 풍성하고 안정적인 삶을 떠나 한 치 앞을 예측할 수 없는 여정에 동참한다는 것이 오히려 상식적으로 더 말이 안 되기 때문이다.

그렇다면 결국 이 여정에 동참하지 않은 나홀과 밀가와 이스가(?)는 어떻게 되었을까? 그 후 후회와 갈등으로 비참하게 생을 마감했을까? 아닐 공산이 크다. 그 반대로 아주 잘 먹고 잘 살다가 생을 마감했을 가능성이 높다. 당혹스러운가? 의도적으로 안 좋게 표현할 필요는 없다. 그렇지만 또 그 이상도 이하도 아니다. 그렇게 살다가 생을 마친 것이다. 자신이 누구인지, 왜 이 세상에 태어나서 살아야 했는지, 자신이 어디로부터 와서 어디로 돌아가야 하는 존재인지 알지 못하고 편하게 살다가 죽은 것이다.

혹시 이런 삶을 원하시는 분이 있는가? 별다른 어려움 없이 특별하지 않아도 그럭저럭 편하게 먹고 살다가 가면 되지 않느냐고 생각하는 분들이 있다면, 죄송하지만 한 가지를 물어봐야 한다. 우리가 다른 피조물과 근본적으로 다른 점이 무엇인가? 하나님께서 과연 그렇게 살라고 사람을 하나님의 형상으로, 지정의(知情意)를 가진 인격체로 창조하셨을까? 더욱이 우리는 언어를 통해서 하나님과 인격적으로 삶의 깊은 것을 나누며 고민하며 발견해가며 그분의 창조 섭리에 동참하는 삶을 살도록 그분의 형상으로 지음 받았다.

그런데 만약 이런 삶을 그럭저럭 편하게 먹고 살다 가는 수준에서 멈춰버린다면 그것은 마치 슈퍼컴퓨터를 타자 연습하는 용도로 사용하면서 만족하는 것과 같다. 아니 슈퍼컴퓨터를 어떻게 그렇게 사용할 수 있는가? 마찬가지다. 아니 사람이 어떻게 그렇게만 살 수 있겠는가!

늦게라도 따라온 순종

그런데 창세기 24장 10절에서 나는 놀라운 사실을 발견했다. 아브라함이 아들 이삭을 위해 그의 아내를 가나안 족속이 아닌 자신의 친족 가운데서 구하고자 그의 종 엘리에셀을 보냈을 때 그가 메소보다미아로 가서 나홀의 성에 이르렀다는 것이다. 갈대아 우르가 아니라 메소보다미아에 있는 나홀이 살던 성이었다. 나홀의 성, 혹은 밧단아람이라고도 불리는 하란이다.

그러니까 데라가 갈대아 우르를 떠날 때 함께하지 않았던 나홀과 밀가가 이후에 마음을 바꾸어 아버지의 가정이 옮겨간 메소보다미아의 하란 땅까지 왔다는 것이다. 어쩌면 데라가 아브람과 함께 다시 하란을 떠나지 못한 것도 나홀이 오기를 기다렸기 때문이 아니었을까. 어쨌든 결국 나홀과 밀가도 하란으로 이주하게 된 것이 분명해 보인다.

이때 아브라함의 늙은 종은 나홀이 밀가에게서 낳은 브두엘의 딸 리브가를 만난다. 종이 자초지종을 설명하고 주인의 아들의 신붓감으로 리브가를 데려가기를 청하자 리브가의 오빠인 라반과 아버지인 브두엘이 다음과 같이 말한다.

> 라반과 브두엘이 대답하여 이르되
> 이 일이 여호와께로 말미암았으니
> 우리는 가부를 말할 수 없노라
> 창 24:50

이때 '여호와'라는 말이 히브리어 '야훼'로 다른 신들의 이름과 구별되는 하나님의 독특한 이름이다. 두 사람이 이 이름을 언급하는 것으로 보아 그들이 하나님을 알고 있을 뿐 아니라 그 하나님께 전적인 순종도 나타내고 있음을 알 수 있다. 결국 나홀과 밀가도 이후 야훼 하나님의 말씀을 따라 믿음으로 반응했으리라 추측해볼 수 있다.

나홀과 밀가를 뒤로 한 채 나머지 가족을 이끌고 담대히 첫 여정을 시작한 데라는 유브라데 강을 따라 올라갔던 것 같다. 그리고 어느덧 하란에 이르렀고 어떤 이유 때문인지 그 후 더 이상 이 여정을 진행하지 않는다. 어쩌면 하란의 특성상 잠시 머물다 가고자 했을 가능성도 있다. 갈대아 우르가 자연적으로 아름답고 풍요로운 곳이었다면 하란은 니느웨와 바벨론은 물론 다메섹과 두로 그리고 애굽을 연결하는 교통의 요충지로서 사람들의 왕래와 교역이 활발히 이루어지는 상업적 도시였다. 라반이 목축을 했던 것으로 보면 자연적인 환경 또한 좋았던 것 같다.

어쨌거나 갈대아 우르를 떠난 데라의 입장에서는 김해 평야에서 농사를 짓다가 어느 날 강남 압구정동에 도착했다고 보면 된다. 그 화려함이나 수많은 사람들을 보며 어리둥절할 수밖에 없는 장소였을 것이다. 처음에는 여독을 풀기 위해 잠시 머물려고 했을지 모른다. 하지만 시간이 지나면서 데라는 그곳에 정착했고 거기서 생을 마치게 된다.

CHAPTER 3

넘지 못하는 강

창조주 하나님의 목적을 향한 데라의 여정은 불과 몇 개월 또는 길어봐야 1년을 넘기지 않고 하란에서 멈춘다. 그리고 이 믿음의 여정은 아브람이 75세에 하나님의 말씀을 따라감으로써 다시 시작된다. 아브람이 하란을 떠날 때 데라의 나이는 145세다. 그러면 그들은 대략 20년 정도의 시간을 하란에 정착하여 지낸 것이다. 어쩌면 그 20여 년 동안 하나님의 말씀이 데라에게 계속 임했을지도 모른다. 왜냐하면 처음 이 믿음의 여정을 시작한 사람이 데라였기 때문이다. 그러나 데라가 더 이상 움직이지 않자 하나님의 말씀은 이제 그의 아들 아브람에게 임한 것이다.

이제 질문을 해보자. 데라는 왜 믿음의 여정을 지속하지 않았을까? 나이가 많아서? 그럴 수도 있겠다. 그렇지만 본토 친

척 아비 집인 갈대아 우르를 떠날 때도 젊은 나이가 아니었다. 어마어마한 결단과 대가 지불을 하고 시작한 여정인데, 단순히 나이가 들고 힘들어서 멈춘다면 이해가 되지 않는다.

　지도상으로 보면 유브라데 강을 기준으로 오른쪽은 메소포타미아 문명이 발생한 가장 비옥한 땅이 펼쳐져 있다. 반대로 유브라데 강의 왼쪽인 가나안은 어떤가? 우리에게는 약속의 땅, 젖과 꿀이 흐르는 땅 그리고 하나님이 유업으로 주시는 땅으로 친숙하지만, 그 당시 이 땅은 고대 부족 사회이자 인신 제사를 드리며 메소포타미아 문명이 일어난 강 저쪽과 비교하면 아직까지 미개하고 살벌한 곳이었을 것이다. 데라도 믿음으로 담대히 여정을 시작하기는 했지만 유브라데 강이라는 도전 앞에서 결국 포기한 것이 아닐까.

내 삶의 방식과 모든 영역의 주권 바꾸기

이것은 오늘날 믿음의 사람들의 현실이기도 하다. 복음을 듣고 처음 주님을 만나 구원의 은혜를 누린다. 그 주님 안에서 새로운 정체성과 자신을 향한 창조주 하나님의 놀라운 목적을 발견하고 흥분한다. 우여곡절 끝에 부르심을 좇아 믿음의 여정을 시작하지만, 결정적으로 유브라데 앞에서 대부분 멈춰 버린다는 것이다. 이 유브라데가 많은 믿음의 사람들이 넘지 못하는 강이 되어버렸다.

왜일까? 쉽게 설명하자면 이 강을 기준으로 오른쪽과 왼쪽에 전혀 다른 삶의 방식이 적용되기 때문이다. 오른쪽은 나름 내가 주인이 되어 삶의 규모나 계획을 어느 정도 정하고 예측할 수 있는 곳으로 이따금 하나님의 도우심과 잔잔한 은혜도 구할 수 있다. 반면 왼쪽은 전혀 예측이 불가능하고 내가 주인 될 수 없고 전적으로 하나님만을 의지하여 믿음으로 한 발 한 발 따라가야 하는 곳이다.

더 직설적으로 설명하면, 유브라데 강 오른편 사람들의 삶에서 하나님은 결정적인 순간에 주체가 되지 못하고 늘 변두리에, 삶의 일부와 특정한 영역에만 머무시게 된다. 그러나 그 반대편에서는 전적으로 하나님이 주체가 되실 수밖에 없다. 왜냐하면 우리가 전혀 예상하거나 주도할 수 없는 삶의 영역으로 들어가버리기 때문이다.

유브라데 강을 넘는다는 것은 하나님께서 내 삶의 진정한 하나님이 되시는 삶, 내 삶 전체를 하나님께 맡겨드리고 그분의 인도하심만을 따라 순종하는 삶으로 들어가는 것이다. 'comfort zone'(나의 안정적인 삶의 방식)을 떠나 God's zone(하나님의 삶의 방식)으로 들어가는 것이다.

사람들은 대부분 이것을 두려워한다. 대신 자신이 주인이 되어 자신만의 삶의 방식과 영역에서 적절히 하나님의 도우심을 구하며 규모 있게 사는 것에 만족한다. 때때로 유브라데 강을 넘은 자들의 무용담을 듣고 대리 만족하며 지내다가 생을 마감한다. 궁극적으로 우리가 믿음으로 돌파해내야 하는 것은 우리 앞에 닥치는 시험 또는 많은 고난과 어려움이 아니다. 하나님이 우리의 삶에 계속해서 도전하시는 것은, 우리가 하나님이 전적으로 하나님이 되시는 삶으로 들어가는 것이다.

하나님이 하나님 되시도록

죄의 모든 뿌리는 우리가 스스로 하나님 되는 것이다. 반대로 믿음의 궁극적인 목표는 하나님이 전적으로 하나님 되시도록 하는 것이다. 이 둘은 전혀 다른 두 방향을 향하는 것이다. 성경이나 2천 년 기독교 역사의 믿음의 사람들에게는 바로 이 결정적인 돌파가 있었다. 그들은 이 계기를 통해 전혀 다른 삶의 수준으로 들어갔다. 믿음은 완만한 곡선을 그리며 올라간다기보다 결정적인 순간에 도약하는 것이고, 또 다른 수준의 삶으로 들어가는 것이다.

이 결정적 순간들이 반복되면서 어떤 믿음의 사람들은 우리와 전혀 다른 차원의 믿음의 삶을 이 땅에서 실체로 누리기도 한다. 찬송가에도 "세상과 나는 간 곳 없고 구속한 주만 보이도다"라는 표현이 나오지 않는가. 아무것도 보이지 않고 오직 주님과 그분이 인도하시는 음성만이 분명한 사람들, 그래서 이 세상의 구조와 시스템도 컨트롤할 수 없는 삶을 살아내는 믿음의 사람들이 되는 것이다.

초대 교회 시대에는 이런 이들을 가리켜 "천하를 어지럽게 하던 이 사람들"(행 17:6)이라고 표현했다. 세상의 구조와 시스템이 먹히지 않은 사람들, 그리고 그 모든 것을 돌파하여 사는 이 사람들 때문에 다른 많은 사람들이 충격을 받고 혼란스러워한 것이다.

이 세상은 끊임없이 "네가 주인이 되는 삶을 살라"라고 외친다. 그리고 자신이 주인이 된 삶에서 'comfort zone'을 더 넓히고 확장하는 것이 성공이라고 말한다. 그러나 복음은 예수가 주인인 삶으로 우리를 초청한다. 나의 안정적인 삶을 확장하는 것은 성공이 아니다. 터진 웅덩이를 더 넓히는 삶에서 나와 예수가 주인인 바다로 들어가는 삶, 창조주 하나님의 목적을 향해 항해하는 삶이 성공적인 삶이다.

이 항해를 하다보면 폭풍이라는 위기의 순간이 찾아온다. 그럼에도 불구하고 우리는 담대히 나아갈 수 있다. 왜냐하면 주님이 동행해주시기 때문이다. 무엇보다 이 항해의 끝은 아버지 하나님의 유업이 있는 천국이기 때문이다. 땅의 사람들이 더 큰 웅덩이를 만들어서 자랑할 때도 우리는 큰 파도와 비바람을 뚫고 천국을 향해 나아간다. 전혀 다른 차원의 삶이다.

오래 전 아이들과 함께 〈개미〉라는 만화 영화를 본 기억이 난다. 수많은 개미들이 개미집을 중심으로 그 안에서 살아가는 여러 애환을 담은 영화였다. 그런데 영화의 마지막 장면이 놀라웠다. 내내 개미집 주변만을 보여주던 영화의 화면이 그 모든 것이 다 들어오는 전체 화면으로 확대되었는데, 그곳은 인간들이 사는 세상의 공원, 그것도 한낱 쓰레기통 옆이었기 때문이다.

그때 나는 허탈한 웃음을 지을 수밖에 없었다. 난리와 소동으로 가득하던 개미집과 비교할 수 없는 인간 세상을 보니 '아, 이게 아니구나'라고 깨닫게 되기 때문이다. 이것이야말로 땅의 사람과 하늘의 사람, 자신이 주인인 삶과 하나님이 주인인 삶을 사는 자들의 차이를 잘 나타내준다.

사랑하는 여러분, 웅덩이나 개미집이 아니다! 우리 항해의 끝은 바다다. 하늘나라다!

CHAPTER 4

다시 일어나라

데스티니의 여정을 멈춘 데라는 결국 어떻게 생을 마감했을까? 비통해 하며 아파하며? 아니 어쩌면 우르에 머물렀던 사람들과 같이 여생을 하란에서 편안히 지내다가 마쳤을 가능성이 높다.

왜 그런지 그 힌트가 창세기 12장에 나온다.

아브람이 그의 아내 사래와 조카 롯과

하란에서 모은 모든 소유와 얻은 사람들을 이끌고

가나안 땅으로 가려고 떠나서

창 12:5

그들은 이미 하란에서 많은 재산을 모으고 사람들을 모을 정도로 정착하여 충분히 안정된 삶을 누리고 있었다. 그러니 아브람이 떠난 이후에도 데라는 남은 재산을 가지고 편하게 살다가 생을 마쳤을 것이다.

만약 이 가정(假定)이 맞는다면 그는 창조주 하나님의 목적인 데스티니를 향한 여정을 시작했지만 마치지 못하고 생을 마감한 안타까운 조상으로 남게 된다. 데라가 70에 아브람을 가졌고, 그 아브람이 75세에 하란을 떠났으니 그때 데라는 145세였고, 205세에 생을 마감했으니 60년을 편히 살고 마친 셈이다. 그는 60년의 편안하고 안정적인 삶을 위해 그를 향한 창조주 하나님의 목적을 놓쳐버린 인생이 된다.

유브라데 강 앞에서 주저앉아 있다면?

여러분은 어떤가? 지금 데스티니를 향해 믿음의 발걸음을 걷고 있는가? 아니면 유브라데 강 앞에서 주저앉아 여생을 아무 소망과 목적도 없이 그저 편하게 살겠다고 하는가? 또는 갈렙과 같이 비록 노년일지라도 남아 있는 데스티니의 여정을 향해 끝까지 도전하고 있는가?

내가 아는 한 분은 새로운 선교적 세대들이 일어날 것에 대한 비전을 품고 선교 코디네이터로 섬기신다. 일흔 살이 넘은 나이에도 불구하고 미국이라는 안락한 삶의 자리를 떠나 C국에서 아내와 함께 도전하는 삶에 자신을 드리고 있는 것이다.

그분을 통해 어떤 열매가 맺어질지 확실하지는 않다. 그러나 한 가지 분명한 것은 안주하는 삶으로는 상상할 수 없는 열매를 맺게 되리라는 것이다.

또 다른 한 분은 학교나 공공기관에 식자재를 납품하는 사업을 하는 성공한 이민 1세이신데, 칠순을 훌쩍 넘기셨는데도 성공과 안정에 안주하지 않고 하나님이 허락하신 물질을 통해 여러 선교사를 섬기시는 일과 전도폭발 사역에 헌신하신다. 복음을 전하는 일과 영혼을 섬기는 일에 아직도 열정이 가득하다. 큰 집과 고급차, 골프나 세계여행을 하며 은퇴 후 삶을 즐길 수 있지만 처음부터 그런 것에는 관심조차 없다.

갑자기 언젠가 들었던 대화가 생각난다. 많은 분들로부터 존경을 받는 목사님이 집회를 마치고 어느 성공한 집사님 내외분과 교제하며 함께 식사를 마치고 난 뒤 이렇게 딱 한 마디를 하셨다고 한다. 나름 성공했다고 하는 그 분들을 찬찬히 살펴보시더니 나지막한 목소리로 말씀하셨다.

"사는 게 뭐 별 거 있어…."

이분들의 뇌리에 밤새 목사님의 그 한 마디가 떠나지 않았다고 한다.

나도 이 목사님의 말씀을 인용하여 도전하고 싶다. 사는 게 뭐 별 거 있는가? 이 땅에서 아무리 좋은 것을 먹고, 편하게 지내고, 재미를 즐긴들 그 이상 더 무엇이 있고, 그것이 얼마나 오래 가겠는가? 이 세상에 있는 모든 것이 잠시 있다가 이슬처럼 사라지고 나서 후회로 마칠 것인가?

다시 일어나라. 유브라데 강에 다시 도전하기를 축복한다.

|

CHAPTER 5

세대에서 세대로

그런데 말씀을 깊이 묵상하면서 어쩌면 데라의 삶에 또 다른 가능성이 있을 수도 있겠다는 생각을 해보았다.

나는 10여 년 전 주님의 인도하심으로 백 투 예루살렘(back to jerusalem)의 비전을 받고 떠났다는 중국인 할머니 한 분을 만난 적이 있었다. 중국 우루무치(신장 위구르 자치구에 있는 도시)에서 더 서진(西進)하면 카스라는 지역이 나오고, 그다음에는 중국과 파키스탄이 만나는 국경 지대인 '훙치라푸'라는 곳이 있다.

1948년 백 두 예루살렘 비전을 받고 떠났지만 중국의 공산화와 '죽(竹)의 장막'에 막혀 더 이상 서진하지 못하고 그 길목인 카스에 남아 60년을 기도한 분이셨다. 우리 팀이 그곳을 찾아오게 된 경위를 설명하자 92세의 노구가 되어 자리에 누워 있으면서도 할머니는 마치 외치듯이 이렇게 선포하셨다.

"여러분, 잘 오셨습니다. 저는 여기까지입니다. 그러나 여기서부터는 여러분들이 해야 합니다. 하나님의 사명을 좇아간다면 산이라도 여러분 앞에서 평지가 될 것입니다."

이어지는 2시간 동안 할머니는 하나님의 인도하심을 간증하며 우리 일행 한 사람 한 사람의 손을 잡고 축복과 격려를 해주셨다. 지금도 그때 해주신 말씀이 또렷이 기억난다.

"저는 여기까지입니다. 그러나 여기서부터는 여러분들이 해야 합니다."

데스티니 이어달리기

어쩌면 아브람의 아버지 데라의 다른 스토리가 이것이 아니었을까? 처음 믿음의 여정에 동참하지 않은 나홀과 밀가를 기다리기 위해 데라가 하란에 멈추었을 수도 있을 것이다.

대신 데라가 어느 날 아브람의 손을 잡고 이렇게 말했을지 모른다.

"아들아, 나는 여기까지다. 비록 나는 여기서 멈추지만 여기서부터는 네가 감당해야 한다. 너는 이곳에서 멈추지 말고 유브라데 강을 넘어 하나님이 우리를 통해 이루려고 계획하신 놀라운 데스티니로 들어가라. 나는 이곳에서 너의 형제 나홀과 밀가를 기다리고 너를 축복하며 기도하마. 이 땅에서 얻은 모든 재산과 사람들을 이끌고 그 땅에 들어가라."

그리고 얼마 후 여호와의 말씀이 아브람에게 임하여 "너는 너의 고향과 친척과 아버지의 집을 떠나 내가 네게 보여줄 땅으로 가라"고 하셔서 이 말씀 앞에 믿음의 결단을 내리고 발걸음을 내디딜 수 있었던 것도 어쩌면 그의 아버지의 도전 때문일 수 있겠다.

성경은 다음과 같이 기록한다.

> 이에 아브람이 여호와의 말씀을 따라갔고
> 롯도 그와 함께 갔으며
> 아브람이 하란을 떠날 때에 칠십오 세였더라
>
> 창 12:4

처음 아버지를 따라 갈대아 우르를 떠나 이곳 하란에 정착하여 많은 재산과 종들을 거느릴 수 있을 만큼 안정적인 삶을 이루었을 때 아브람이 다시 여호와의 말씀을 따라가게 된 것, 하란에서 모은 모든 재산과 사람들을 아들의 손에 붙이고 아들을 축복하며 보내는 데라의 모습, 나홀과 밀가가 오기를 소망하며 기다리는 데라의 노후의 모습은 세대에서 세대로 데스티니가 연결되도록 헌신한 믿음의 아비의 모습일 것이다.

멋지지 않은가? 아버지는 처음 데스티니를 시작했고, 그 바통을 이어받아서 아들 아브람이 그 데스티니를 이어가는 모습, 그리고 뒤늦게라도 데스티니를 따라오기를 기다려주는 아비의 모습은 참으로 우리 시대 아비들이 좇아야 할 믿음의 모습이다. 이 데스티니는 데라와 아브람에서 끝나지 않고 아브라함을 통해 이삭에게, 야곱에게, 요셉에게, 이스라엘에게, 그리고 예수 그리스도를 통해 이 땅의 교회와 교회의 몸을 이루는 우리 한 사람 한 사람에게 이어지고 있다.

각 시대마다 데스티니의 여정을 이어받은 사람은 각자 자신의 믿음의 여정 앞에 놓인 유브라데 강을 넘어 그 데스티니를 이어간 것이다.

PART 4

유브라데 강을 넘어

:하나님의 초청

CHAPTER 1

이제 떠나라

아브람이 하란에서 모은 모든 재산과 사람들을 이끌고 유브라데 강을 건너기 위해 그 앞에 섰을 때 마음이 어땠을까? 쉽지 않았을 것이다. 이전에는 아버지를 따라온 삶이었다면 이제는 자신이 주도적으로 하나님의 말씀을 따라 남은 가족들을 이끌어야 한다.

그러면 무엇이 아브람으로 하여금 하란을 떠나 유브라데 강을 건너 저 미지의 땅 가나안으로 향하도록 했을까? 물론 아브람이 이런 결정을 내리기까지 아버지 데라의 믿음의 여정이 그에게 영향을 주었을 것이다. 또 당연한 대답이라고 할 수도 있겠지만 그 결정의 최후 확정은 살아 계신 하나님과의 대면이었을 것이다. 그 하나님을 경험하고 자신을 향한 데스티니로의 초청을 받아들이는 것으로부터 시작되었다는 것이다.

부러운가? 하나님이 그렇게 만나주신다면 나도 아브람처럼 할 수 있다고 말하고 싶은가? 그렇다면 우리 앞에 좋은 소식이 있다.

나를 사랑하는 자들이 나의 사랑을 입으며
나를 간절히 찾는 자가 나를 만날 것이니라
잠 8:17

그분 앞에 나아갈 수 있는 길이 예수 그리스도로 말미암아 우리에게 열려 있다고 성경은 증거한다. 아브람처럼 지금 그 하나님을 대면하고 싶은가? "나도 나를 향한 하나님의 거룩한 부르심에 동참하는 삶을 살기 원합니다" 이것이 당신의 진정한 고백이라면 부르짖으라. 그러면 만나주신다고 분명히 약속하셨다. 그분은 태초 전부터, 우리가 모태에서 조성되기 이전부터 이미 우리를 보셨고, 그분의 완전한 계획으로 신실하게 우리를 인도하실 것이다.

나의 유브라데 강 건너기

2016년 나는 만 27년의 미국생활을 정리하고 태평양을 건너 한국으로 왔다. 어쩌면 나에게는 이것이 유브라데 강을 건너는 모험일 수 있었다. 그때 두 아들의 나이가 8살과 10살이었다. 미국에서 태어나고 자란 아이들을 데리고 아무 연고도 없고 어떤 사역도 결정되지 않은 상태에서 미국을 떠나왔다. 구체적으로 무엇을 어떻게 해야 하는지도 모른 채, 한 달간 머물 수 있는 장소가 있다는 것과 여러 경로를 통해 확인해주신 주님의 말씀, "이제 떠나라"라는 말씀만 따라 떠나온 것이다.

그때까지만 해도 나는 내가 한국 사람인 줄 알았다. 한국말이 편하고 뜨끈한 국밥과 목욕탕을 좋아하니 당연히 별다른 어려움 없이 잘 지내리라 생각했다. 그러나 실상은 달랐다. 한국에서 처음 6개월을 보내면서 나는 내가 한국 사람이 아니라 미국 사람처럼 되어 있다는 사실을 새롭게 발견했다. 그것도 많은 부분에서…. 그러니 두 아들은 오죽할까? 지금도 가끔 울면서 미국으로 돌아가자고 떼를 쓴다. 달래도 보고 부둥켜안고 함께 아파해보기도 하지만 결코 만만하지 않다.

그런데도 내가 여기에 온 이유는 하나다. 주님이 인도하셨기 때문이다. 다른 이유나 조건은 없다. 오직 주님이 말씀하셔서 온 것이다. 그리고 그렇게 인도하신 주님의 뜻을 조금씩 알아가고 있다. 하지만 '결국 이거로구나! 이것 때문에 인도하셨구나!'라는 확증은 아직까지 없다.

그래서 때로 답답하고 힘들 때도 있다. 그렇지만 무엇보다 분명한 한 가지는, 그분이 나를 이곳으로 인도하셨고, 그분은 가장 좋은 것으로 내 삶을 채워주신다는 믿음이다. 아브람도

이 믿음으로 강을 건너 가나안 땅으로 향했을 것이라고 믿는다. 발붙일 만한 땅도 없이 오직 주신 약속만 붙들고 건너간 것이다.

우리를 부르신 목적, 동행과 예배

아브람이 하나님의 말씀을 따라 유브라데 강을 건너 가나안에 처음 도착한 곳이 세겜 땅이다. 믿음으로 강을 건너온 이후 하나님은 그에게 나타나셔서 다음과 같이 구체적으로 말씀하셨다.

여호와께서 아브람에게 나타나 이르시되
내가 이 땅을 네 자손에게 주리라 하신지라
창 12:7

창세기 12장 2절과 3절에서 큰 그림을 보여주셨다면 7절에서 좀 더 구체적이고 세밀하게 약속과 함께 확정을 해주신 것이다. 기억하기 바란다. 많은 경우 구체적인 인도하심은 믿음으로 걸음을 내디딘 이후에 나타난다. 우리는 항상 분명히 설명해주시고 말씀해달라고 하지만, 하나님은 한 단계 한 단계 말씀하시고 인도하신다. 왜냐하면 하나님은 우리를 통해 목적을 이루시는 데만 관심 있으신 것이 아니라 그 목적을 향해 우리와 함께 동행하기를 원하시기 때문이다. 이것이 동행하는 자의 기쁨이다. 데스티니로 인도하시는 주님과 동행하는 기쁨, 그 여정 가운데 경험하게 되는 하나님, 친밀하고 세밀한 주님의 말씀은 그 어떤 것과도 바꿀 수 없는 기쁨이 된다.

아브람에게도 하나님은 중간중간 이렇게 말씀하시고 확정해주셨다. 그리고 아브람은 이 말씀 앞에 제단을 쌓고 경배를 올려 드렸다. 사랑하는 여러분, 세겜 땅에서 하나님을 향하여 제단을 쌓고 야훼 하나님의 이름을 부르는 아브람의 모습이 어쩌면 하나님께서 가나안 땅에서 그토록 보기 원하셨던 모습이 아니었을까 하는 생각이 든다. 가나안 족속들이 죄악 가운데 행하며 그들의 우상만을 섬기던 그 땅에서 이제 하나님을 향하여 제단을 쌓고 여호와 하나님의 이름을 부르는 자가 이곳 가나안에서 일어난 것이다.

지금으로 말하자면 선교사님들이 우상숭배와 거짓 신들의 이름이 난무하는 척박한 선교지에 가서 여호와의 이름을 부르며 경배할 때 하나님이 그 모습을 보고 기뻐하시는 것과 같다고 할 수 있다. 이 땅에서 아무도 하나님의 부르심에 반응하지 않자 하나님은 강 건너 갈대아 우르와 하란에서부터 하나님의 초청에 응답한 사람을 불러내서 하나님께 제단을 쌓고 여호와 하나님의 이름을 부르며 찬송하도록 하신 것이다. 왜? 이것이 하나님의 창조의 목적이기 때문이다.

이 백성은 내가 나를 위하여 지었나니

나를 찬송하게 하려 함이니라

사 43:21

그런 의미에서 선교의 시작은 예배이다. 존 파이퍼 목사님은 《열방을 향해 가라》(좋은씨앗)라는 그의 책에서 예배자들이 아무도 하나님을 예배하지 않는 땅으로 가서 여호와 하나님의 이름을 부르며 예배하고 그 땅에 새로운 예배자들을 세우는 것이 선교라고 말씀하셨다. 계시록을 보면 선교의 최종 종착역도 결국 각 족속과 방언과 백성과 나라가 함께 보좌에 앉으신 우리 하나님과 어린양께 찬양과 경배를 올려드리는 예배로 마치게 된다. 그런 의미에서 선교를 시작하게 하는 것도, 지속하고 마치게 하는 것도 결국 그 중심에 예배가 있다.

아버지께 참되게 예배하는 자들은

영과 진리로 예배할 때가 오나니 곧 이 때라

아버지께서는 자기에게

이렇게 예배하는 자들을 찾으시느니라

요 4:23

CHAPTER 2

무엇을 고민하는가?

지금의 중국이 있기까지 결정적인 역할을 한 인물을 들라면 사람들은 보통 모택동(마오쩌둥)보다 등소평(덩샤오핑)을 더 높이 평가한다. 1904년, 청이 멸망하기 8년 전 쓰촨성에서 태어난 그는 프랑스 유학 후 모택동과 함께 중국 공산당 창건에 참여하였다. 그러나 중국의 미래를 위한 실용 노선을 추구하며 모택동과의 권력 다툼을 이어가다가 1966년 문화혁명으로 실권하였다.

1973년 다시 복귀하기까지 그는 7년간 홍위병에 쫓겨 다니면서도 중국이 다시 자신을 불러준다면 중국의 미래를 위해 무엇을 준비해야 하는지 고민하며 연구했다고 한다. 그리고 1976년 천안문 사건 이후 모택동이 사망하자 이듬해인 1977년에 복권되어 1994년까지 중국의 실제적인 권력을 장악했다. 그는 이때 중국식 자본주의라는 새로운 개혁을 일으키면서 4대 현대화 운동을 통해 지금의 중국이 될 수 있는 모든 기초를 닦은 인물로 평가받는다.

유명한 언론인 짐 로워는 1979년부터 1994년의 등소평의 개혁은 인류 복지 향상에 가장 큰 영향을 미쳤다고 평가한다. 그의 여러 가지 업적 중 우리가 주목해야 할 한 가지는 그가 실권하여 쫓겨 다니던 시절에 미래의 중국을 위해 무엇을 준비할 것인가를 고민하며 연구했다는 사실이다.

"다가올 미래에 중국이 일어나기 위해서는 어떻게 준비해야 하는가?" 이 고민이 결국 중국식 시장개혁과 함께 4대 현대화의 발전을 이루어낸 것이다. 그는 특별히 서방 세계와 얼어붙은 관계를 개선하는 데 총력을 기울였고, 그 덕분에 닫혀 있던 중국의 문이 열려 UN은 중화인민공화국을 합법적인 정식 정부로 인정하게 되었다.

다가올 미래를 준비하라

이 이야기를 대하면서 나는 주님이 말씀하신 누가복음 16장의 옳지 않은 청지기 비유가 생각났다. 어떤 부자에게 청지기가 있었는데, 그가 주인의 소유를 낭비한다는 사실을 알게 된 주인이 청지기를 해고하면서 하던 일을 정리하라고 명령한다. 이때 해고를 눈앞에 둔 청지기가 주인에게 빚진 자들을 불러서 빚을 깎아주며 이후 자신이 해고되고 난 뒤 그들에게 도움 받을 준비를 한다. 그런데 이 이야기를 들은 주인이 이 옳지 않은 청지기가 일을 지혜 있게 하였으므로 칭찬하였다는 말씀으로 주님은 예화를 끝마치신다.

이 예화를 통해 주님은 이 세대의 믿지 않는 자들은 이렇듯 자신의 미래를 준비하고 있는데, 오히려 빛의 자녀들은 다가올 미래와 하나님의 나라에 대하여 전혀 준비하고 있지 않다고 지적하신다.

우리는 세 가지에 대해 분명히 알고 있다. 첫째, 이제 곧 믿는 자들을 향한 핍박이 본격적으로 일어날 때가 오리라는 사실이다. 둘째, 마지막 때가 되면 계시록 7장의 말씀처럼 핍박과 함께 전무후무한 대부흥을 경험하게 되리라는 점이다. 그리고 마지막으로 주님이 다시 오셔서 우리의 삶을 평가하시고 각자에게 주신 평가에 따라 우리는 영생과 함께 하늘의 상급을 받을 것이며 이 상급은 영원할 것이라는 사실이다.

그렇다면 우리는 다음 몇 가지 질문에 대해 깊이 생각하고 스스로에게 물어봐야 한다. "나는 지금 다가올 핍박과 큰 환난에 대비하여 무엇을 준비하고 있는가?" 아울러 "나는 다가올 놀라운 부흥을 위해 지금 무엇을 준비하고 있는가? 족속과 방언과 백성과 나라 가운데 가장 강력한 구원의 역사들이 일어날 텐데 실제적으로 이 일을 위해 지금 무엇을 준비하고 있는가?", 마지막으로 "주님이 다시 오실 때 나는 주님 앞에 서게 될 텐데 주님 앞에서 무엇이라고 고백하는 삶을 지금 살고 있는가?"

영의 생각과 고민

우리는 이것들을 고민하며 주님의 인도하심을 구하며 기도해야 한다. 그런데도 실상 우리의 고민과 생각은 여전히 먹고 사는 것에 매여 있지 않은지 돌아보아야 한다.

> 육신의 생각은 사망이요 영의 생각은 생명과 평안이니라
> 육신의 생각은 하나님과 원수가 되나니
> 이는 하나님의 법에 굴복하지 아니할 뿐 아니라 할 수도 없음이라
> 육신에 있는 자들은 하나님을 기쁘시게 할 수 없느니라
>
> 롬 8:6-8

이 말씀이 명확히 지적하고 있다. 생각과 고민도 육을 좇아서 하는 것이 있고 영을 좇아서 하는 것이 있다는 사실이다. 그리고 영의 생각과 고민은 미래를 대비한다. 단순히 먹고사는 차원이 아니라 하나님의 놀라운 경륜을 이루며 영혼을 살리는 차원의 일을 대비하도록 한다. 왜냐하면 성령님께서 우리의 영의 생각을 주도하시기 때문이다. 이외 우리의 모든 필

요는 그 후에 더해진다.

> 그런즉 너희는 먼저 그의 나라와 그의 의를 구하라
> 그리하면 이 모든 것을 너희에게 더하시리라
> 마 6:33

이 말씀의 핵심은 분명하다. 우선순위에 대한 것이다. 무엇을 먼저 구해야 하는지, 그러면 어떻게 이 모든 것이 그 후 자동적으로 더해지는지를 강조하고 있다. 그리스도인들의 삶이 복잡하고 혼란스럽다면 그때는 바로 이 우선순위에 문제가 있을 때가 많다. 우선순위가 엉켜 있으면 삶은 더 분주하고 복잡해진다. 그러나 우선순위에 따라 정렬될 때 삶은 단순하고 명확해진다.

창세기 14장의 아브람의 모습은 단순히 지금에 만족하는 것이 아니라 지금 깨어 있고 준비된 사람이 미래를 어떻게 풀어낼 수 있는지를 매우 실제적으로 보여주는 사례가 된다.

|

CHAPTER 3

어디로 가고 있는가?

창세기 14장 13절부터 16절 말씀은 우리에게 너무나 친숙하다. 아브람과 롯의 소유가 많아져서 그들이 더 이상 함께할 수 없게 되자 아브람은 조카 롯에게 먼저 거주할 땅을 결정하라고 말한다. 이에 롯은 보기에 좋은 소알과 소돔과 고모라 땅을 택하여 동쪽으로 옮겨갔고 아브람은 그대로 가나안 땅에 거주한다. 이로써 유브라데 강을 건너온 두 사람이 처음으로 서로 떨어져서 살게 된다.

그러다가 소돔과 고모라 지역의 다섯 왕들이 다른 나라 네 왕들과 전쟁을 하다가 패하자 네 왕들이 조카 롯을 포함하여 그 지역의 모든 것을 약탈하고 사람들을 사로잡아 간다. 이 이야기를 들은 아브람이 집에서 기르고 훈련시킨 318명의 사람들을 거느리고 가서 조카 롯을 구해온 사건에 대한 말씀이다.

죄를 묵인한 롯의 삶

이 사건이 이 시대를 살고 있는 우리에게 주는 놀라운 메시지가 있다. 먼저 롯을 살펴보자. 삼촌 아브람이 롯에게 먼저 거할 땅을 택하라고 했을 때 롯은 그의 눈에 보기에 좋은 요단 지역을 택한다.

이에 롯이 눈을 들어 요단 지역을 바라본즉
소알까지 온 땅에 물이 넉넉하니
여호와께서 소돔과 고모라를 멸하시기 전이었으므로
여호와의 동산 같고 애굽 땅과 같았더라

창 13:10

롯이 이 지역을 택한 이유는 단순하다. 눈에 보기에 너무나 좋은 땅이었다는 것이다. 물론 눈에 보기에 좋은 땅을 택한 것이 죄는 아니다.

그러나 13절은 이 땅에 대해 다음과 같이 말씀한다.

소돔 사람은 여호와 앞에 악하며 큰 죄인이었더라

창 13:13

롯이 이 사실을 몰랐을까? 그렇지 않다. 가나안이 메소포타미아처럼 어마어마하게 넓은 것도 아니고 충분히 그 지역이 어떤 지역인지 알고 있었을 것이다. 아브람과 롯이 거하던 벧엘과 아이 사이 땅은 요단강 주변인 소돔과 고모라와 인접한 지역이었다. 이곳에서 줄곧 가축을 키웠던 롯이 소돔과 고모라가 어떤 땅인지 몰랐다는 것은 말이 안 된다. 그렇다면 롯은 왜 이곳을 택했을까?

당시 소돔과 고모라는 가나안 지역에서도 가축 키우기에 좋은 땅이면서 동시에 가장 발달한 도시 가운데 하나였을 것이라는 게 학자들의 추측이다. 즉 살기 편하고 풍족했을 것이다. 결국 그는 죄에 노출될 것을 알고도 더 편하고 풍족한 삶을 택하여 그곳으로 간 것이다. 그러다가 한순간에 모든 것을 잃고 비참하게 이방 왕들에게 포로로 끌려가고 말았다. 이때 삼촌인 아브람 덕분에 목숨과 가족 그리고 빼앗겼던 재산도 대부분 회수하게 된다.

이것이 어쩌면 하나님이 롯에게 주신 중요한 메시지였을 법한데, 롯은 이 사건을 통해서 하나님의 메시지를 받지 못한 것 같다. 왜냐하면 이후에도 계속 소돔 땅에서 살았고 나중에는 성문에 거하는 자리에까지 있었기 때문이다. 소돔과 고모라가 심판을 받을 때 그는 모든 것을 잃었고, 또 딸들을 통해 가장 부끄러운 민족들을 낳고 생을 마감하게 된다.

앞서 삶을 회복할 수 있는 기회를 얻었음에도 불구하고 그는 눈에 보기에 좋은 그곳을 떠나지 못했다. 유브라데 강을 건너서 아브라함과 함께 이 믿음의 여정을 시작했음에도 불구하고 어느덧 그의 마음에는 안정적이고 풍요로운 삶에 대한 유혹이 자리잡은 것이다.

우리는 소돔과 고모라에게 임한 심판과 같이 때가 되면 이 땅도 하나님의 심판 앞에 놓일 것을 잘 알고 있다. 중요한 것은 이것을 알고 있으면서도 롯이 하나님의 심판의 자리로 스스로 나아간 것처럼, 지금 이 시대에 많은 그리스도인들도 롯과 같은 삶을 재현하고 있다. 눈에 보기에 좋은 땅, 더 편하고 풍성한 것을 좇는 삶이다. 그것 자체가 죄는 아니지만 문제는 그 자리에 죄가 함께 있다는 것을 알면서도 스스로 나아갔다는 점이다.

내게 실제가 되어야 좇을 수 있다

롯이 아브라함으로 인하여 겨우 부끄러운 구원을 받게 된 것처럼 우리도 예수 그리스도로 말미암아 구원은 얻었으나 이 구원이 성경에서 언급한 부끄러운 구원에 머물 수 있다는 것을 기억해야 한다. 어디로 가고 있는가? 눈에 보기에 좋은 세상의 풍요와 안락함을 좇아가고 있는가? 아니면 영원한 하나님나라와 유업을 좇아가고 있는가? 삶은 방향성의 문제이다. 그리고 모든 방향에는 그 끝과 그에 따른 결과가 있다.

안타깝게도, 많은 현대 그리스도인들이 영으로 거듭나서 영이신 하나님을 경배하고 영원한 하나님의 나라에 대한 영적인 소망이 열려 있는데도 여전히 육의 것에 매어 있다. 그 이유가 무엇인가? 그들에게는 하나님의 나라보다 이 세상의 것들이 더 실제적이기 때문이다. 우리는 우리에게 더 실제적인 것, 더 확신하는 것을 좇아서 살아간다. 아무리 영의 법칙을 말하고 천국의 소망을 이야기해도 그것이 내게 현실보다 더 실제적이지 않다면 그것을 추구하는 삶은 불가능하다.

그러면 무엇이 내게 실제적인 것이 되는가? 내가 맛보고 경험하는 것, 그래서 나의 모든 감각 기관, 인격적인 지정의를 통해 알게 되는 것들이 내게 더 실제적이다. 신앙은 의지적으로 뭔가 열심을 내는 것이 아니다. '노력하면 되겠지'라는 식의 종교 행위가 아니다. 물론 어느 단계나 어느 정도의 의지적 결단과 헌신도 필요하다. 그러나 결국 신앙은 우리의 작은 믿음을 통해 임하시는 주님의 은혜와 긍휼을 경험하는 것이며 살아 계신 그분을 실제로 만나고 경험하는 사건이다.

성경 전체를 잘 살펴보기 바란다. 왜 수많은 하나님의 사람들이 하나님의 인도하심을 좇아 믿음의 삶을 살았는지. 그들 가운데 공통적으로 나타난 한 가지 사건이 무엇인가? 그것은 그들이 살아 계신 하나님을 만나고, 경험적으로 인식하고, 확신함으로 하나님을 좇아갔다는 것이다.

지금도 우리에게 이 하나님과의 대면함이 필요하다. 예배 가운데, 말씀 앞에 설 때, 기도 가운데 우리에게 찾아오셔서 자신을 나타내주시는 하나님을 영적으로, 전인격적으로 만나는 사건이 우리에게 가장 필요하다.

따라서 나는 모든 영적 행위 또는 믿음의 행위라는 과정에서 한 가지만을 간절히 구한다.

"하나님, 오늘도 저를 만나주십시오. 저에게 말씀해주십시오."

CHAPTER 4

약속의 말씀을 따라가라

이에 반해 아브람은 눈에 좋아 보이는 것을 따라가지 않고 하나님의 약속의 말씀과 인도하심을 따라갔다. 물론 그도 가나안 땅에 기근이 들자 하나님께 물어보지 않고 애굽으로 내려갔다가 아내를 누이라고 속이는 연약한 모습을 보이기도 했다. 하나님의 간섭하심으로 목숨을 건지고 재산까지 한몫 챙겨서 나오는 치사한 모습도 보였다. 결정적으로 하나님의 약속을 끝까지 신뢰하지 못하여 아내의 말을 듣고 이스마엘을 낳아 분쟁의 빌미를 만들었음에도 불구하고 그의 삶에는 하나님의 신실하신 인도하심이 있었다.

하나님이 책임지시는 인생

왜 그런지 아는가? 물론 아브람의 믿음도 있겠지만 무엇보다 아브람이 하나님의 언약을 좇아가는 인생을 살았기 때문이다. 쉽게 말해서 하나님의 인도하심을 좇아 데스티니를 향해 가는 인생들은 하나님께서 끝까지 붙들어주신다는 것이다. 비록 그 과정에 많은 실수와 연약함도 있었다. 하지만 하나님의 부르심을 좇는 삶은 하나님이 책임지신다.

롯은 유브라데 강을 건너 가나안까지 아브라함과 함께 왔다. 그러나 데스티니를 좇는 삶보다 당장 눈에 좋아 보이는 것을 좇는 삶으로 전혀 다른 결론의 생을 마감한다.

마찬가지로 우리 앞에도 이 선택이 있다. 이 세상 풍조를 따라 보기에 좋은 것들과 더 풍요롭고 편한 것들을 좇아 살 것인가? 아니면 하나님이 주신 약속의 말씀을 좇아 살 것인가? 우리는 믿음으로 이 둘 중에 하나를 택한다. 그 결과가 지금 당장은 아니더라도 분명히 구체적인 열매로 나타나게 되어 있다. 때때로 눈에 좋아 보이는 것을 좇아 이 시대의 풍조를 따라가는 삶이 더 좋아 보인다. 하지만 그렇더라도 결국은 시간차다. 때가 되면 그것이 아님을 온 몸으로 경험하게 된다.

옳지 못한 청지기의 예화를 통해 주님이 우리에게 주고자 하신 메시지에 귀를 기울여야 한다. 이 세상이나 세상에 있는 것들은 다 사라지되 하나님의 말씀만 영원한 것처럼 이 세상이나 세상에 있는 것들을 좇아 사는 삶은 아무것도 남지 않고 비참하게 마치게 된다.

반대로 약속의 말씀을 좇아 사는 삶은 이후 영생과 함께 영원한 하늘의 상급을 받게 된다. 그러므로 지혜로운 청지기와 같이 우리도 하늘의 상급을 기대하며 이 땅에서 사는 동안 땅의 모든 것으로 주님의 데스티니를 성취하는 삶에 동참해야 한다.

얼마 전 첫째 아들 새벽이와 함께 사도 바울에 대한 영화를 보았다. 많은 도전이 있었지만 사도 바울이 간수장인 로마 장교와 나눈 이야기가 나의 뇌리에 깊이 박혔다.

"이 세상 사람들은 마치 바닷물을 손에 움켜잡으려고 하는 것 같다. 그러나 그 물은 결국 손가락 사이로 다 빠져나가게 되고 사람들은 결국 빈손으로 생을 마감하게 된다. 반대로 그리스도인들은 바다 전체를 소유한 자와 같다."

맞다! 주님을 따르는 모든 그리스도인에게는 바다로도 비교할 수 없는 드넓고 풍성한 하나님나라의 유업이 이미 주어졌다. 나도 움켜잡는 어리석은 자가 아니라 뛰어들어서 누리는 자가 되기를 소원한다.

PART 5

가나안 땅으로

: 하나님의 테스트

CHAPTER 1

길리고 훈련된 자

언약의 말씀을 붙들고 데스티니를 향해 사는 아브람의 삶에서 우리는 매우 중요한 한 가지를 볼 수 있다. 그것은 평안한 때, 아무 문제와 어려움이 없던 때 그가 집에서 길리고 훈련된 자 318명을 준비했다는 사실이다. 물론 족장 시대에는 스스로 자신의 가족과 재산을 지켜야 했기 때문에 사병들을 준비하는 것이 전혀 이상하지 않다고 볼 수 있다. 그런데 핵심은 아브람이 이 일을 미리 준비했기 때문에 적절한 때가 왔을 때 동요하지 않고 문제를 해결할 수 있었다는 점이다.

이 본문에서 우리는 스스로에게 물어봐야 한다. 아브람의 집에서 길리고 훈련된 318명이 이 시대를 살아가는 그의 후손인 우리에게 어떤 의미인가? 우리는 지금 2천 년 초대 교회로부터 이미 시작된 마지막 때 마지막 문 앞에 살고 있다. 이러

한 때에 아직은 대대적인 핍박이나 어려움이 없지만 조만간 그런 일들이 일어날 것을 바라보고 있는 아브라함의 후손으로서 다가올 핍박과 부흥이라는 두 가지 양극단의 사건들에 앞서 우리는 무엇을 해야 하느냐는 것이다.

그리스도의 군사 훈련

그렇다. 지금은 앞으로 일어날 일들에 대비하여 길리고 훈련된 군사를 세울 때이다. 앞으로 일어날 핍박을 이겨내고 오히려 롯과 같이 잡혀 있는 영혼들을 구출해낼 수 있는 군대를 준비해야 한다. 아직 시간이 있을 때, 아직 평안한 때, 아직 기회가 있을 때, 단 한 사람이라도 하나님의 길리고 훈련된 군대로 세워야 한다.

특별히 이 군사들을 설명할 때 두 가지를 눈여겨봐야 한다. 첫째, "집에서 길리고"라는 말이다. 이것은 집에서 태어난 것을 의미한다. 지금 이 시대로 풀이하면 예수 그리스도의 복음으로 새롭게 태어난 것이다. 그다음은 "훈련된 자", 즉 훈련을 통해 싸울 수 있는 만반의 준비가 된 자들을 의미한다. 열정만 있다고 되는 것이 아니다. 훈련을 통해 준비되어야 한다. 이 세대 안에서 세대의 풍속을 좇아가지 않고 예수만을 전적으로 좇아가는 예수의 사람으로 훈련되어져야 한다.

그러면 태어나서 이렇게 준비되기까지 얼마나 오랜 시간이 걸리겠는가? 예수님도 제자들을 세우는 데 꼬박 3년을 훈련하셨다. 그런데 많은 믿음의 사람과 크리스천 공동체가 집회와 세미나 중심의 행사에는 시간과 물질을 투자하면서 정작 하나님의 사람을 낳고 훈련하는 데는 상대적으로 관심이 부족하다. 남들이 다 키운 사람들을 데려와서 사용하고, 사람을 키우더라도 빼앗긴 롯을 구출해오기보다 아브람의 집터를 넓히는 일에 치중하는 듯한 모습을 종종 본다.

목숨을 걸고 좇아가서 잃어버린 영혼들을 구출해낼 준비가 된 사람으로 세우지 못하고, 이미 구원받은 집안사람들과 교제하는 일에만 능숙한 사람을 만든다면 그것은 온실 속의 화초로 키우는 셈이다. 그런 사람은 세상을 감당할 능력이 없다. 그러니 대적을 파하고 죽어가는 영혼들을 구출해낼 수도 없다. 쉽게 말해 교회 안에서 믿음의 사람들과 함께할 때에는 담대한 듯 보여도 세상에 빼앗긴 사람들을 구해오는 일에는 젬병인 사람들로 자라고 있는 것이다.

그러면 어떻게 해야 세상에 빼앗긴 영혼을 구출해낼 만한 사람을 키워낼 수 있는가? 여기에 '훈련'이라는 말의 핵심이 있다. 지금 우리는 2천 년 기독교 역사 가운데 그 유례를 찾아볼 수 없는 엄청난 영적 공급이 주어지는 시대를 살고 있다. 그런데도 그렇게 엄청난 공급을 통해 얻게 되는 그리스도인에게는 사실 너무 안타까운 점이 많다. 왜냐하면 훈련의 몇 가지 원칙을 무시하고 있기 때문이다.

정신무장 훈련

모든 훈련의 생명은 첫째, '정신무장'이다. 그의 마음과 생각이 훈련을 통해 추구하고자 하는 목표를 확신하고 받아들인다면 그 사람은 결국 그 수준으로 나아갈 수 있다. 문제는 이 정신무장이 되지 않은 상태에서 훈련의 내용만 점검하고 강조하다보면, 다시 말해서 소프트웨어의 문제를 하드웨어를 통해 해결하려고 하는 것과 같은 실수를 범하게 된다. 제자훈련에 제자의 정신을 심어주는 과정이 빠진 것과 같다.

그러면 정신무장은 누가 어떻게 잘 시킬 수 있는가? 정신무장의 관건은 동기부여이고, 이 동기부여를 가장 잘할 수 있는 사람은 자신이 먼저 정신무장 되어 있는 사람이다. 다른 말로 스피릿(spirit)이다. 스피릿이 없는데 무엇을 할 수 있겠는가? 국가대표는 국가대표 스피릿을 갖는 것이 중요하고, 해병대는 해병대 스피릿이 중요하다. 이 스피릿을 심어주는 것이 바로 훈련의 관건이다. 이 스피릿은 학습을 통해 심어진다기보다 나누고 받는(Impartation) 것이라고 믿는다. 이 스피릿을 가진 분으로부터 그대로 전가되는 것이다.

영화 〈명량〉에서 이순신 장군이 출전하기 전 조선 수군에게 도전하는 말을 들어보면, 자신에게 있는 비장한 각오, 즉 정신무장 상태를 군사들에게 그대로 전가하는 것을 볼 수 있다. 그는 살려고 두려워하는 그들에게 살기를 포기하라고 도전한다. 그것이 정신무장이다. 죽기를 각오했다면 무엇을 두려워하겠는가? 훈련 조교가 그리스도를 좇아 살기로 작정한 사람이 아니라면 그리스도를 좇아 살기로 결단하는 정신이 어떻게 훈련자들에게 전달되겠는가?

실전 훈련

둘째, 훈련에는 원리가 있다. 우리가 어떤 훈련을 잘할 수 있느냐보다 중요한 것이 있다. 가장 먼저 훈련을 통해 어떤 사람들이 세워지기 원하는지 정해야 한다. 쉽게 말해서 원하는 상품이 있다면 그 상품이 나오기 위해서 어떤 공정을 통과해야 하는지 먼저 점검해야 한다는 것이다.

마찬가지로 우리가 어떤 사람을 세우기 원한다고 할 때 그렇다면 그런 사람이 세워지려면 어떤 훈련의 과정이 필요한지 반드시 점검해야 한다. 그리고 훈련 후 반드시 기대한 대로 되었는지 훈련의 과정을 재평가해야 한다. "정말 기대했던 대로 되었는가?", "훈련 과정이 이런 사람을 세우기에 실제로 유익한가?" 이를 점검하고 수정해야 한다.

많은 경우 훈련은 학습만큼이나 실습이 중요하다. 예를 들어서, 기도할 수 있는 사람을 세우고자 한다. 그렇다고 기도를 어떻게 해야 하는지 학습만 해서는 절대 기도의 사람이 나오지 않는다.

물론 기본적인 기도의 이해와 성경적 가르침을 학습해야 하는 것은 분명하다. 그러나 정말 기도하는 사람으로 만드는 일은 기도하는 것이다. 함께 기도하면서 자신이 기도하는 것을 보여주고, 기도의 현장에서 시행착오를 거쳐 기도를 제대로 해낼 수 있는 사람으로 세워가는 것이다. 전도도 마찬가지다. 영성 훈련도 마찬가지다. 선교 훈련도 마찬가지이고 대부분이 그렇다.

그런데 지금 우리의 훈련이 대부분 학습에 머물러 있을 뿐만 아니라 상대적으로 학습에 너무 무게를 둔다. 한 가지 조심스럽게 묻겠다. 과연 2천 년 기독교 역사 가운데 지금처럼 훈련을 조직적이고 체계적으로 '학습' 하던 때가 있었는가? 없었다. 오늘날 평신도 훈련은 거의 신학교 훈련을 방불케 한다.

그러나 나는 이런 수준의 훈련에 자못 회의적이다. 왜냐고? 지금 신학교를 통해 배출된 사람들 중에 얼마나 제대로 전도하고, 기도하고, 제자 삼을 수 있을 만큼 준비되어 나오는가? 신학교 수준의 학습 과정이 전혀 필요 없다는 말은 아니다. 그러나 실전에서 쓸 수 있는 실력으로는 너무 부족하다는 것만큼은 사실이다. 왜냐하면 이론은 너무 잘 알지만 실전 경험이 없으니 맥을 못 추는 것이다.

사람은 훈련되어진다!

오래전 미국에서 이민 1.5세, 2세 청년 대학생들을 훈련할 때였다. 기본적으로 훈련받는 것이 생소한 청년들을 데리고 무작정 기도시키고 전도시키며 훈련했던 기억이 난다. 훈련하는 사람의 미숙함에도 불구하고 그들이 결국은 기도하고 전도하는 자들로 세워졌는데, 그 이유는 내가 그들을 데리고 함께 기도하고 전도하는 것을 보여주고 실습하도록 도전했기 때문이다.

예수의 제자로 살기 위한 정신무장은 반드시 이미 그 정신으로 무장된 리더들을 통해 전달받아야 한다. 분명한 목표 중심의 훈련 과정을 선택하고 훈련의 과정을 정확히 점검하라. 마지막으로 실습을 통해 학습한 것을 평가하는 것, 이것이 훈련에 있어서 너무나 중요하다.

물론 이 모든 과정을 사랑의 동기에서 해야 한다는 것은 두말할 필요가 없다. 나에게는 이 부분이 많이 부족했다. 사랑은 오래 참는 것이고 기대와 소망을 포기하지 않는 것이다. '언젠가 저들이 그리스도의 좋은 군사가 될 거야!' 이것을 기대하며 사랑으로 포기하지 않고 섬기며 이끈다면 반드시 그렇게 세워질 줄로 믿는다.

사람은 훈련되어진다. 그리고 훈련된 만큼 실제적으로 쓰임받는다.

CHAPTER 2

진짜 영향력

아브람은 자신의 집에서 사람을 기르고 훈련하는 데만 집중한 것이 아니다. 자신이 살던 그 지역의 이방 족속인 마므레와 에스골 그리고 아넬의 형제들과 동맹을 맺었다. 창세기 21장에도 처음에 아브라함을 시기하여 쫓아냈던 아비멜렉과 그의 군대장관 비골도 결국 아브라함에게 나아와 동맹 맺기를 청한다. 믿는 자들만이 아니라 믿지 않는 자들에게도 동맹을 요청받고 함께할 수 있었던 사람이 아브라함이었다.

선한 영향력

성경은 이 부분에서 우리에게 무엇을 말하려고 하는가? 현대 그리스도인들이 이런 아브라함의 모습에서 무엇을 놓치지 말아야 할까? 진지하게 질문해야 할 부분이다. 현대 그리스도인들은 믿는 사람들과 함께 지내며 그 사이에서 영향력을 주고받는 데 머물러 있을 때가 많다. 믿지 않는 사람들에게 내삶에 살아 계신 하나님을 나타냄으로써 그들이 비록 이방인이지만 나와 동맹을 맺고 싶어 하도록 하는 선한 영향력을 미치지는 못하고 있다는 것이다.

> 도망한 자가 와서 히브리 사람 아브람에게 알리니
>
> 창 14:13

여기서 히브리 사람이라는 말의 어원은 "강을 건너온 사람"이라는 뜻이다. 유브라데 강을 건너서 들어온 이방 사람이라는 의미다. 이 이름 자체가 주는 가나안 사람들의 텃세가 느껴지는가? 오죽하면 아내를 누이라고 말해야만 살아남을 수있다고 여길 만큼 두려웠겠는가? 오죽하면 자기 것이라고 우기면 빼앗기고 떠날 수밖에 없었겠는가? 이삭의 때에 이르러서까지 이런 텃세에 시달렸다는 말이다.

그런데 아브라함이 그곳에 터를 잡고 있던 여러 사람들과 동맹을 맺었다는 것은 그가 선한 영향력을 끼치고 있었다는 사실을 반영한다. 아무 유익이 되지 않는 사람과 동맹을 맺을 사람은 없다. 동맹을 맺는다는 것은 그냥 잘 지내자는 것이 아니다. 공동의 이익이나 목적을 위해 서로 목숨을 걸고 함께

싸울 만큼 깊은 차원의 희생을 요구하는 것이다.

그러면 이들은 왜 아브라함과 동맹을 맺었을까? 간단하다고 생각한다. 그들은 아브라함처럼 하나님을 경외하는 사람들도 아니다. 그렇다면 이유는 아브라함과 동맹을 맺을 만큼 아브라함이 그들에게 유익이 되는 존재였다는 것이다.

우리는 다른 사람에게 유익이 되는 존재인가? 교회 안에서만이 아니라 실제 삶의 자리에서 믿지 않는 사람들에게도 유익이 되고 있는가? 간단히 말해보자. 하나님이 각자에게 허락하신 자리에서 얼마나 많은 사람들이 나를 통해서 유익을 얻고 있는가? 그 유익의 결과로 나를 찾고 나와 함께하고 싶어 하는지 돌아보기 바란다.

손해 보라

여러분은 마므레와 에스골이 성품이 좋아서 아브라함과 동맹을 맺었다고 생각하는가? 아비멜렉과 그의 군대장관 비골이 대장부라서, 사람이 호탕해서, 쩨쩨하지 않아서 아브라함을 용납했다고 생각하는가?

그들은 두 가지를 보았다. 아브라함과 함께하는 것이 자신들에게 유익이 된다는 사실과 아브라함과 함께하는 데서 자신들이 이해할 수 없고 함부로 할 수 없는 하나님의 임재를 경험한 것이다. 우리도 이 두 가지를 모두 갖추어야만 믿지 않는 자들에게 영향을 주는 빛과 소금의 역할을 감당할 수 있다.

그들에게 유익이 된다는 것은 아브라함에게는 그만큼 손해가 되었다고 볼 수 있다. 궁극적으로는 모두에게 윈윈(win-win)이 되었을지 몰라도 처음부터 그렇게 시작하지는 않았으리라는 것을 깊이 연구해보지 않아도 알 수 있다. 그들의 신뢰를 얻기까지 아브라함이 많은 희생을 감당하고 손해를 봤을 것이 분명하다.

현대 그리스도인들은 기본적으로 손해 보겠다는 자세와 태도, 그런 마음 자체가 부족하다. 그러면서 믿음 생활은 잘해보려고 뜨겁게 사모하고 배우고 훈련한다. 그러나 그 길을 가노라고 하면서 주차 문제로 손해 보지 않으려고 한다. 은혜받겠다고 먼저 좋은 자리를 차지하려고 한다. 이래저래 손해는 안 보려고 하면서도 사모하고 갈급해 한다. 이 엄청난 극과 극의 모습을 편하게 왔다 갔다 하는 사람들을 우리는 어떻게 이해해야 하는가?

사랑하는 여러분, 이삭이 미련해서 우물을 내주고 다시 파고를 반복했겠는가? 그 당시 우물 하나를 파는 데 얼마나 많은 시간과 에너지와 물질이 들어갔는지 아는가? 이때 우물은 우리가 보통 이해하는 옹달샘 수준이 아니다. 잠깐 물만 얻을 수 있는 수준이 아니라 암반 지층까지 파내려가서 거대한 물 저장소를 만드는 것이다. 그토록 수고하여 확보한 것을 내준다는 것은 결코 쉬운 일이 아니다. 때로는 생명이 달린 문제이기도 하다. 물론 그들의 텃세 앞에 힘이 부족하여 빼앗긴 것도 있겠지만 결국 수많은 손해를 감수하고 내준 것이다.

그러나 그 과정을 통해 그들의 마음이 움직였다. 이 사람은 함께해도 절대 자신들에게 손해가 되지 않을 존재이며, 오히려 자신들을 섬기는 사람이라고 확신하게 된 것이다. 그리고 때가 되어 동맹을 맺으면서 이렇게 고백하는 것이다.

"당신 같은 사람이라면 괜찮다. 나도 손해 볼 용의가 있다. 함께하자."

이것이 동맹의 결과다. 그리고 그 과정 가운데 그들은 보게 된다. 아브라함의 삶에는 결정적인 순간마다 그들은 도저히 상상할 수 없고 이해할 수 없는 하나님의 손길이 함께하신다는 것을 말이다.

그때에 아비멜렉과 그 군대 장관 비골이
아브라함에게 말하여 이르되
네가 무슨 일을 하든지 하나님이 너와 함께 계시도다
창 21:22

이삭에게도 동일한 고백을 하며 찾아온다.

그들이 이르되 여호와께서 너와 함께 계심을

우리가 분명히 보았으므로 우리의 사이

곧 우리와 너 사이에 맹세하여

너와 계약을 맺으리라 말하였노라

창 26:28

실력에 성품을 더하라

318명이 아브라함의 '실력'을 의미한다면 아브라함과 동맹을 맺도록 사람들의 마음을 움직인 것은 그들을 섬긴 아브라함의 '성품'이었다. 결정적으로 그들조차 부인할 수 없을 만큼 분명한 하나님의 손길이었다. 그러나 기억하라. 그들이 하나님의 손길을 경험할 수 있도록 마음을 열고 아브라함과 이삭에게 다가올 수 있게 했던 것은 손해 보며 유익을 주었던 두 사람의 마음과 태도였다.

이 시대에 우리에게 실력 있는 성도들이 부족한가? 아니다. 지금은 그 어느 때보다 실력과 능력이 있는 그리스도인들이 도처에 있다. 그런데도 왜 이들의 영향력이 세상에서 전문적이고 구체적인 영역 안에서 영향력을 끼치지 못하고 있는가? 그 통로가 되는 태도와 성품에 문제가 있기 때문이다. 나를 통해 다른 이들에게 유익이 되도록 손해 보고 양보하는 자세가 우리에게 너무 부족하다.

얼마 전 사랑하는 집사님 내외분과 커피를 마시며 교제하고 있는데, 집사님에게 이상한 전화가 걸려왔다. 알고 보니 취기가 있는 사람이 후진하다가 집사님의 차를 받아놓고 왜 차를 이렇게 주차해놨느냐고 고래고래 소리를 지른 것이다. 나는 너무 황당하고 기가 막혀서 멍해 있는데, 그 집사님은 죄송하다고 하며 차를 빼주시는 것이 아닌가. 내가 어안이 벙벙해 있는 동안 집사님은 거듭 고개를 숙이면서 "죄송합니다! 죄송합니다!"라고 하셨다. 어떻게든 해보려고 한 내가 무안할 만큼, 너무 무례하고 황당한 그 사람에게 집사님은 그렇게 반응한 것이다. 결국 그 사람은 화를 내며 그냥 가버렸다. 목사인 나는 기막혀 하는데 집사님은 그냥 보내드린 것이다.

물론 여러분 가운데 불합리한 것은 바로잡아야 하지 않느냐고 주장하시는 분이 있는 줄 안다. 나도 처음에는 그랬다. 그러나 더 본질적인 것을 건드려봐야 한다. 이치에 맞지 않는 것을 바로잡겠다고 하는 자신의 마음 안에 기꺼이 손해 보고 양보하고 이해하려는 마음이 있는가? 우리는 이 주님의 긍휼의 태도와 마음을 가진 상태에서 바로잡겠다고 해야 한다. 우리에게 이 중심이 없으면서 불합리한 상황만 바로잡겠다고 외친다면 결과는 늘 우격다짐이나 싸움으로 끝난다.

나는 다른 사람들에게 유익이 되고 있는가? 아니면 그들 사이에서 나의 유익을 빼앗기지 않으려고 혈안이 되어 있는가?

만약 후자라면 그들이 당신과 동맹을 맺을 이유가 없다. 그렇
다면 당신의 삶에 살아서 역사하시는 하나님의 모습을 나타
낼 수 있는 기회도 묘연해지고 만다.

CHAPTER 3

예배자 아브람

아브람이 이방의 네 왕들을 파하고 조카 롯을 비롯하여 빼앗겼던 모든 재물을 찾아온 뒤 두 가지 중요한 모습을 보여주었다. 먼저 그가 살렘 왕의 찬양 앞에 자신의 십 분의 일을 드림으로써 이 모든 것이 자신의 공로가 아닌 하나님의 은혜임을 인정한 것이다. 단순히 살렘 왕이 하나님을 찬양하고 높였기 때문이 아니라 아브람 안에 이미 믿음으로 반응할 수 있는 준비가 되어 있었다. 아브람은 늘 하나님 앞에 예배자로 서 있었던 사람이다. 그렇기 때문에 이것이 가능하였다.

갈대아 우르를 출발하여 가나안으로 들어가 도착한 세겜 땅에서 아브람은 가장 먼저 제단을 쌓았다. 그다음 벧엘 동쪽 산으로 옮겨 장막을 치고 벧엘과 아이 사이에서 다시 제단을 쌓았고, 헤브론에 있는 마므레 상수리 수풀에 거주하며 거기서도 제단을 쌓고 하나님께 예배드렸다. 그가 어느 곳을 가든 지 가장 먼저 하나님께 예배를 드린 것이다.

내 삶의 주인 되심과 최우선순위 되심

예배란 하나님이 내 삶의 주인 되심과 최우선순위 되심을 고백하는 시간이다. 일상의 분주함을 떠나 시간과 장소를 구별하고 하나님 한 분께만 집중하여 그분이 마땅히 받아야 할 모든 서비스(service, 섬김)를 영과 진리로 드리는 것이 예배이다. 예배는 거듭난 그리스도인의 신앙생활의 기초이며 본질이다. 그러나 기본이요 본질인 신앙생활을 너무 대충한다는 것이 우리의 안타까운 현실이다.

큰 건물을 세울 때 기초를 대충 세우고 건물을 짓는 것과 마찬가지다. 그럼 어떻게 되는가? 맞다. 무너진다. 예배가 무너지면 신앙은 무너진다. 예배를 대충 드리는 사람은 그 신앙의 태도와 자세, 그 마음가짐을 새삼 거론하지 않더라도 다른 영적인 영역에서도 역시 대충일 수밖에 없다. 예배를 대충 드리는 사람이 다른 믿음의 삶을 열정적으로 말씀대로 온전히 헌신한다는 말을 들은 적이 있는가? 나는 그런 것을 본 적도 없고 들은 적도 없다. 한 사람이 예배를 드리는 모습을 보면 그 사람의 신앙생활의 모습 또한 대략 파악이 된다.

그러므로 사랑하는 여러분, 기초이자 핵심인 예배에 집중하

라. 그리고 최선으로 서비스 해드리라. 찬양과 기도로, 선포되는 말씀 앞에 믿음으로 반응하여 최선으로 예배하라. 그때 우리의 예배를 통하여 하나님께 영광과 찬송이 올라가고, 하나님은 그 가운데 하나님 당신의 임재와 영광을 나타내신다. 그 가운데 우리 안에 치유와 회복과 놀라운 영적 돌파와 비전이 임하게 된다. 그러니 예배를 사모하라. 최선으로 그분께 영광과 찬송을 드리라. 기본이다. 이 기본이 무너지면 다 무너진다는 사실을 기억하기 바란다.

하나님의 영광을 위한 권리 포기

그다음은 소돔 왕 앞에 보인 아브라함의 모습이다. 소돔 왕이 모든 소유를 빼앗아 돌아오는 아브람에게 다음과 같이 말한다.

소돔 왕이 아브람에게 이르되
사람은 내게 보내고 물품은 네가 가지라
창 14:21

이 말에 아브람이 보인 반응이다.

아브람이 소돔 왕에게 이르되

천지의 주재이시요 지극히 높으신 하나님 여호와께

내가 손을 들어 맹세하노니

네 말이 내가 아브람으로 치부하게 하였다 할까 하여

네게 속한 것은 실 한 오라기나 들메끈 한 가닥도

내가 가지지 아니하리라

창 14:22,23

쉽게 말해서 물건을 취한다면 소돔 왕이 준 것으로 아브람이 복을 받게 되었다, 성공하게 되었다고 할까 봐 하나도 취하지 않겠다고 말하는 것이다. 실제적인 유익과 이익이 눈앞에 있어도, 또한 그것을 취할 마땅한 권리가 있더라도 그것을 취했을 때 하나님의 영광을 가린다면 하나도 취하지 않겠다는 말이다. 마땅히 하나님께서 받으셔야 할 영광을 이방 왕이 취하여 하나님의 이름을 가리는 일이 있다면 자신의 마땅한 권리조차 포기하겠다고 말하는 것이다.

우리와 사뭇 다르지 않은가? 반대로 우리는 우리가 받고 누릴 수 있는 권리 때문에 하나님의 영광을 포기할 때가 종종 있으니 말이다. 이것은 아브람의 마음 자세와 우리의 마음 자세가 근본적으로 다르다는 것을 보여준다.

어떻게 이런 마음을 가질 수 있을까? 바로 예배다. 예배 가운데 임한 하나님의 임재와 영광을 경험한 아브라함은 하나님의 임재와 영광이 가려지는 것은 어떤 것도 용납하지 않는 자가 되었다. 비록 그것 때문에 때때로 눈앞의 이익을 놓칠 때가 있더라도 말이다.

아브라함이 아무 이유 없이 믿음의 조상이 된 것이 아니다. 우리 앞에 놓여 있는 유익을 빌미로 세상은 우리에게 하나님의 영광을 가리라고 요구한다. 결코 쉽지 않다. 내가 행한 모든 수고와 열매로 인한 유익이 눈앞에 놓여 있는데 그것을 포기하고 먼저 하나님의 영광을 구하는 것은 결코 만만치 않은 결정이다.

그러나 말씀은 분명하다.

그런즉 너희는 먼저 그의 나라와 그의 의를 구하라
그리하면 이 모든 것을 너희에게 더하시리라
마 6:33

아브라함은 믿음의 조상답게 두 가지 부분에서 온전한 예배를 드렸다. 일상에서 움직일 때마다 시간과 장소를 구별하여 하나님 앞에 제단을 쌓고 예배하는 일을 최우선순위로 삼았다. 그리고 하나님을 최우선순위로 두며 다른 어떤 것도 하나님의 영광을 가리지 못하도록 삶으로 예배를 드렸다. 로마서의 말씀을 그대로 살아낸 것이다.

너희 몸을

하나님이 기뻐하시는 거룩한 산 제물로 드리라

롬 12:1

삶의 예배

사실 이 둘은 별개가 될 수 없다. 시간과 장소를 구별하여 드리는 예배를 진짜 살아 있는 예배로 드린 것이 맞는다면 삶의 예배는 그 결과로 나타난다. 그리고 삶으로 온전히 예배드린 자들이 감사와 찬양으로 하나님께 나아와 시간과 장소를 구별하여 믿음의 사람들과 함께 공적인 예배를 드리는 것이다. 이것이 예배가 삶이 되고 삶이 예배가 되는, 그래서 결국은 삶과 예배가 하나가 되는 영적인 삶이다. 이것이 온전한 믿음으로 주님께 나아가고자 하는 자들이 그토록 추구하는 영성의 높은 차원이고 하나님의 임재와 영광이 머무는 삶이다.

그다음으로 하나님은 아브람에게 나타나셔서 그를 차원이 다른 단계의 삶으로 도약시키셨다.

이제 후로는 네 이름을

아브람이라 하지 아니하고 아브라함이라 하리니

이는 내가 너를 여러 민족의 아버지가 되게 함이니라

창 17:5

단순히 복의 근원으로서 또는 통로로 쓰임 받는 수준이 아니라 수많은 민족들이 바라보고 따라갈 수 있는 믿음의 조상, 여러 민족의 아버지로 삼으신 것이다.

다시 강조한다. 하나님은 우리를 향해 놀라운 계획을 가지고 계시며 그 길로 인도하기를 기뻐하신다. 무엇을 삶의 최우선순위로, 가장 가치 있고 소중한 것으로 삼을 것인가? 하나님을 삶의 최우선으로 모시고 날마다 예배하며 일상에서 예배를 살아내며 그분의 영광을 드러내고자 할 때 우리의 삶도 다른 수준으로 들어가게 된다.

말씀을 의지하여 매 순간 따라가라. 그러면 말씀을 주신 아버지께서 역사해주실 것이다. 나는 그 하나님을 신뢰함으로 전심으로 예배하고 전심으로 좇아가고자 한다.

CHAPTER 4

영적 상태와 영적 태도

2012년에 나는 23년간 살던 미국 동부의 메릴랜드를 떠나게 되었다. 처음 교회를 접하여 거듭나고, 일본 선교를 다녀오고, CG선교회를 세워서 사역한 곳, 나에게는 고향과도 같은 곳이었다. 기도하면서 뉴욕 뉴저지로 인도함을 받고 오래 기도해온 한중일 연합 사역과 함께 새롭게 교회도 시작하게 되었다.

그러던 어느 날 특별한 인도하심으로 이스라엘로 가서 예수님을 메시아로 믿는 메시아닉 유대인을 만나 아브라함이 이삭을 바치기 위해 떠났던 경로를 따라가는 여정을 갖게 되었다. 이스라엘 아라드 광야를 출발하여 브엘세바를 거쳐 예루살렘이 있는 북쪽으로 올라가며 아브라함이 밟았던 길을 따라갔다. 그때 메시아닉 유대인 친구와 함께 창세기 22장 4절 말씀으로 추정되는 장소에 도착하였다.

제삼일에 아브라함이 눈을 들어 그 곳을 멀리 바라본지라

창 22:4

아브라함이 삼 일의 여정 후 도착하여 눈을 들어 멀리 바라본 장소가 모리아 산이었다. 메시아닉 유대인 형제는 당시 모리아 산과 주변은 가나안 족속들이 그들의 신들에게 제사를 드렸던 장소였을 거라고 나누었다. 하나님이 아브라함을 그곳으로 인도하여 제사를 드리도록 한 이유를 추정해보니, 모두가 우상에게 제물을 드리던 그곳에서 하나님께 올려 드리는 진정한 제사를 받기 원하셨다는 것을 짐작할 수 있었다.

잠시 그곳에 머물면서 나는 아브라함의 심정이 어땠을까 생각해보았다. 아브라함에게 있어서 이삭은 나에게는 첫째 아들인 새벽이를 떠오르게 하였다. 결코 쉽지 않은 순간이었으리라는 것을 알 수 있다. 창세기 22장 말씀은 실수와 연약함을 지닌 평범한 한 사람 아브라함이 믿음의 조상으로서 하나님의 부르심인 데스티니를 이룰 수 있는 삶으로 들어가게 된 '결정적 계기'라고 볼 수 있다.

이 대목을 접할 때 다음과 같은 질문을 하시는 분들이 늘 있다. "하나님이 이런 시험을 하시는 것은 좀 그렇지 않은가? 꼭 이렇게까지 하셔야 했는가?" 물론 충분히 그럴 수 있다. 사실 아무리 잘 설명하려고 한다 해도 이해하기 어려운 요구이

다. 조심스럽지만 우리가 내릴 수 있는 결론은, 하나님은 사람을 봐가면서 테스트(test) 하신다는 사실이다. 달리 말해서 이만한 시험을 감당할 수 없는 자라면 시험하지 않으셨고, 반대로 나에게 이만한 시험이 없다면 나에게 이만한 믿음이 없다는 결론이 나온다.

파트너십을 위한 믿음의 대가 지불

구원은 전적인 하나님의 은혜로, 우리의 어떠한 대가 지불도 없이 공짜로 받는 것이지만, 구원받은 우리가 우리를 구원해 주신 하나님의 창조와 구원의 목적인 데스티니를 이루어가는 삶은 저절로 일방적인 은혜로만 이루어지는 것이 아니다. 우리 믿음의 결단과 대가 지불을 통해 이루어진다. 이 사실을 기억해야 한다. 구원은 전적인 하나님의 은혜로, 그러나 데스티니는 하나님의 은혜와 그 은혜에 대한 우리 믿음의 반응인 결단과 대가 지불을 통해 이루어진다.

왜 그렇게 하셨을까? 그냥 하나님이 하시지 왜 우리에게 이런 믿음의 대가를 요구하시는가? 간단하다. 바로 하나님과 우리의 파트너십(partnership)이다. 거듭남으로 하나님의 자녀가 되지 않은 사람들은 하나님과 파트너십을 가질 수 없다. 그러나 거듭나서 하나님의 자녀로 회복된 사람들은 원래 창조의 목적대로 하나님나라의 파트너로서 동참하도록 하신다.

그 파트너십은 우리로 하여금 하나님의 기쁨에 동참하도록 하는 것이다. 물론 그 과정에 많은 아픔과 어려움도 있다. 그러나 결국 파트너십으로 이루어진 아름다운 열매 앞에 우리는 어떤 것으로도 설명되지 않는 큰 기쁨으로 충만해진다. 이 파트너십이 이후로 경험하게 될 영원한 하나님의 나라에서 계속 이어진다.

> 그 주인이 이르되 잘하였도다 착하고 충성된 종아
> 네가 적은 일에 충성하였으매 내가 많은 것을 네게 맡기리니
> 네 주인의 즐거움에 참여할지어다 하고
> 마 25:21

하나님의 일에 동참하는 것은 그분의 즐거움에 참여하는 특권이다. 하나님은 이 기쁨을 나누기 위해 우리를 부르셔서 그분의 계획인 데스티니로 우리를 인도하신다.

히네니, 깨어서 준비하는 자의 대답

하란을 떠나 가나안 땅으로 들어간 지 25년 만에 약속의 자녀인 이삭을 얻고 이삭을 핍박하는 이스마엘과 하갈의 문제를 해결하도록 하신 후(물론 하나님이 이삭은 택하시고 이스마엘은 버리신 것이 아니라 다른 데스티니를 가지고 계셨음을 볼 수

있다. 하나님은 이스마엘 또한 큰 민족을 이루도록 계획하고 인도하셨다) 마지막으로 아비멜렉과 그의 군대장관 비골과 동맹을 맺어 이제는 모든 것이 순조롭게 정리가 되고 좀 살 만하다 싶은 때 "그 일 후에"(창 22:1) 하나님이 아브라함을 부르신다.

그 일 후에 하나님이 아브라함을 시험하시려고
그를 부르시되 아브라함아 하시니
그가 이르되 내가 여기 있나이다

창 22:1

이때 아브라함이 하나님께 "내가 여기 있나이다"라고 대답한 말이 히브리어로 '히네니'이다. 어원적 의미는 종이 모든 것을 준비하고 대기 중에 있다가 주인이 부르면 곧바로 "네. 모든 것이 준비되었으니 말씀만 하십시오"라고 대답하는 말이다. 이 대답이야말로 주인 되신 하나님에 대한 아브라함의 자세를 잘 나타낸다.

100세에 이삭을 얻고 이삭의 나이가 청소년쯤 되었을 때니까 아브라함이 대략 40년을 하나님과 동행한 후의 모습이다. 그는 하란 땅에서부터 40년간 하나님과 동행하며 늘 깨어서 하나님의 말씀과 인도하심에 민감하게 반응해왔다. 특별히 어려울 때만이 아니라 이만하면 이제 좀 살겠다 싶을 때에도 여전히 하나님의 부르심에 겸손하게 반응한 것이다. 이 모습은 실제로 깨어 있다는 것이 어떤 모습인지 우리에게 구체적으로 보여준다.

영적으로 깨어 있다는 것

주님께 늘 집중하는 상태

영적으로 깨어 있다는 의미는 영적인 상태와 영적인 태도 두 가지를 모두 포함한다. 먼저 주님으로부터 오는 음성 또는 인도하심을 민감하게 알아들을 수 있는 것이 영적 상태다. 이것은 영적으로 주님에게 집중하는 훈련들을 통해 우리 안에 개발되는 것이다. 아무 생각이 없다가 주님이 말씀하시면 화들짝 놀라거나 하는 것이 아니다. 늘 깨어서 주님이 무엇을 말씀하시는지, 무엇을 원하시는지 그분에게 주파수를 맞추듯 마음과 생각이 집중되어 주님으로부터 오는 사인(sign), 세미한 음성을 알아차릴 수 있는 것을 말한다.

다시 한번 강조하지만 이런 영적 상태는 주님과의 오랜 만남과 관계를 통해 개발되는 것이지 전혀 안 그렇다가 어느 날 철야를 해서 단숨에 얻게 되는 것이 아니다. 왜냐하면 인격적이고 영적인 교제를 통해 개발되기 때문이다.

주님께 즉시 반응하는 태도

두 번째로 즉각적으로 반응하는 태도다. 부르셨는데 알고도 귀찮아서, 아니면 어떤 이유에서든 반응을 보이지 않을 때도 있을 것이다. 사실 이것은 깨어 있는 문제라기보다는 주님을 대하는 자세나 태도를 의미한다. 즉각적인 반응을 보이지 않거나 관심을 내비치지 않는 것은 내 것이 많든지, 내 일이 바쁘든지, 또는 별로 아쉽지 않기 때문이다. 그러니까 즉각적으로 반응하는 문제는 주님을 삶의 우선순위로 둠으로써 오랫동안 몸에 배어 있는 영적 태도에서 나오는 것이다.

재미있게도 오히려 그 반대의 모습을 보이는 성도들이 있다. 마치 40년간 그렇게 했으면 이제 좀 내버려둘 때도 되지 않았느냐는 식이다. "아, 이제는 좀 내버려두세요." 이런 태도를 가진 사람이라면 주님과 동행하며 주님의 인도하심을 좇아 사는 삶 자체가 이미 끝난 것이다.

또 신앙생활을 오래하면 이 태도가 몸에 배어 있을 법한데 오히려 그렇지 않은 경우도 본다. 처음에는 주님께 즉각 반응하며 신앙생활을 시작했다가도 시간이 지나면서 주님이 부르시고 인도하실 것에 대한 기대와 관심마저 사그라져 가는 것을 본다. 이전에는 어떻게 했는지 몰라도 지금은 그렇지 않다면, 우리에게는 주님이 역사하는 삶의 현장으로 들어가는 문이 닫혀 있는 것과 같다. 제아무리 은사와 능력이 있다고 해도 잘못된 태도는 결국 하나님의 역사를 막아버린다.

물론 나는 신앙의 연륜이 더할수록 더 성숙하여 이 태도가 우리 안에 더 깊게 배기를 바란다. 얼마 전 중동에서 평생을 비즈니스맨으로 섬겨온 장로님 한 분을 만났다. 영국을 중심으로 한 유럽에서 성공한 비즈니스맨이신데 이분의 간증을 통해 놀라운 사실을 한 가지 듣게 되었다. 이분은 주님을 깊이 만난 후 지난 38년 동안 새벽기도를 한 번도 빠진 적이 없는데 하다못해 사업차 비행 중일 때도 정해진 시간이 되면 기도하는 분이셨다. 또한 본인의 비즈니스 경험과 노하우가 어떻든지 간에 주님이 말씀하시면 즉각 반응하고 순종하기를 지금까지 변함없이 실천하고 계신다. 주님이 왜 이분을 놀랍게 사용하시는지 굳이 더 설명하지 않아도 알 것이다. 이것이 성경에서 말하는 신실함이다.

아브라함은 기본자세와 함께 영적으로 깨어 하나님이 부르실 때 즉각 알아차리고 반응한다.

"준비되었으니 말씀만 하십시오."

나도 주님 앞에 나갈 때마다 믿음의 조상 아브라함을 따라 이렇게 고백한다.

"히네니!"

CHAPTER 5

—

결정적 시험

창세기 22장 1절은 명확하게 하나님이 아브라함을 부르신 목적에 대해 언급하고 있다.

하나님이 아브라함을 시험하시려고

창 22:1

여기서 사용된 '시험'은 유혹 또는 미혹이 아니라 훈련 또는 연단을 의미한다. 유혹이나 미혹은 하나님이 아닌 사단이 하는 시험으로서 그 목적은 우리를 쓰러뜨리고 멸망시키고자 하는 것이고, 하나님의 시험인 훈련이나 연단은 우리를 더 온전한 사람으로 세우기 위한 섭리를 뜻한다.

두 종류의 시험

놀라운 비밀은 사단의 유혹과 하나님의 연단이 한 사람 한 사람을 향한 하나님의 창조와 구원의 목적, 즉 데스티니와 연관이 있다는 사실이다.

사단이 왜 믿는 자들까지도 끝까지 미혹하여 쓰러뜨리려고 하는가? 이미 구원받아 천국 가는 하나님의 백성이 되었는데도 포기하지 않고 지속적으로 시험하는가? 이유는 하나다. 우리를 향한 하나님의 목적을 이루지 못하도록 방해하기 위한 것이다. 반대로 하나님이 우리에게 훈련과 연단의 시험을 행하시는 이유는 하나님의 데스티니를 이룰 수 있는 온전히 사람으로 준비시키기 위해서다. 동일하게 시험이라고 표현하지만 사단은 우리를 쓰러뜨려서 데스티니를 틀어버리고자 하는 것이고, 하나님은 우리를 세워 데스티니를 온전히 이루고자 하시는 것이다.

이 시험을 대하는 지혜의 방법도 다르다. 이것을 꼭 명심했으면 좋겠다. 우리는 사단의 시험은 피하고 하나님의 시험은 믿음으로 감당해야 한다. 그래야만 데스티니를 이룰 수 있는 온전한 사람으로 설 수 있다.

이것을 꼭 반대로 하는 분들이 있는데 그러면 인생 자체가 꼬이고 힘들어진다. 쓰러뜨리려고 하는 시험을 죄다 통과하느라 엄청 얻어맞아 혼수상태로 비틀거리며 나온 다음 "천부

여 의지 없어서 손들고 웁니다" 하면 참으로 안타깝고 답답하
다. 반대로 온전히 세우려는 하나님의 시험을 다 피해버린다
면 그 사람의 영적 수준은 항상 그 자리에 머물러 있을 뿐 발
전이 없고 오히려 침륜에 빠지게 된다.

그러므로 제대로 해야 한다. 쓰러뜨리려는 사단의 시험은
피하고, 세우려는 하나님의 시험은 온전히 감당하여 잘 세워
지도록 하는 것이다.

그러나 여기에도 하나님의 놀라운 은혜가 있다. 사단으로
부터 오는 미혹과 유혹도 하나님의 주권 아래 있다는 사실이
다. 그래서 하나님은 우리가 감당할 수 있는 시험만 허락하시
고 감당하지 못할 미혹과 유혹은 피할 길을 주신다.

> 사람이 감당할 시험밖에는 너희가 당한 것이 없나니
> 오직 하나님은 미쁘사 너희가 감당하지 못할
> 시험 당함을 허락하지 아니하시고
> 시험 당할 즈음에 또한 피할 길을 내사
> 너희로 능히 감당하게 하시느니라
>
> 고전 10:13

하나님이 아브라함을 시험하시려고 한 것은 하나님이 아브
라함을 연단하고 훈련하시고자 하는 것으로, 이 시험을 통과

한 다음에 하나님은 아브라함을 향하여 그의 데스티니가 이루어질 것을 확정하고 선포하신다. 시험을 당하는 그 당시에는 시험이 쉽지 않다. 하지만 그 시험 후에는 영적인 돌파와 실체가 구체적으로 나타난다. 그러므로 시험을 통과할 때 우리는 믿음의 눈으로 그 너머 실제가 될 하나님의 역사를 바라볼 수 있어야 한다.

사도 바울이 인용한 것처럼 경기하는 자가 면류관 얻을 것을 바라보고 달리는 것과 같다. 물론 결코 쉬운 시험은 아니다. 시험의 정도에 상관없이 모든 시험은 사실 힘들고 어렵다. 아무리 하나님의 연단과 훈련을 위한 시험이라도 시험 자체를 즐기는 사람은 그리 많지 않다. 만약 그렇다면 그것은 건강한 모습이 아니다. 고통을 느끼면서 즐긴다니 그것이 어떻게 정상인가? 그 너머 시험 이후에 있을 상급과 열매를 바라봄으로 이겨내는 것이다.

네 자녀를 내려놓아라

다음은 하나님이 아브라함을 시험하시는 내용이다.

여호와께서 이르시되
네 아들 네 사랑하는 독자 이삭을 데리고
모리아 땅으로 가서 내가 네게 일러준 한 산

거기서 그를 번제로 드리라

창 22:2

먼저 우리는 이 하나님의 시험을 당시 시대적 배경에서 이해해야 한다. 당시 가나안 족속들은 자신의 신들에게 제사하며 사람을 제물로 바치는 인신 제사를 빈번이 행해왔다. 이런 면에서 우리는 두 가지를 분명히 이해해야 한다.

첫째, 아브라함의 입장에서 볼 때 이 요청이 너무 황당하고 말이 안 되는 것이 아니라는 점이다. 왜냐하면 당시 그런 제사가 주변에서 빈번히 진행되었기 때문이다.

아브라함이 당혹스러웠던 것은 인신 제사를 드리는 그 자체가 아니다(물론 이것도 충분히 당혹스러울 수 있다). 자신의 아들을 언약의 자녀로 삼아 큰 민족을 이루시겠다고 하신 하나님께서 동시에 그 아들을 바치라고 하셨다는 점이다.

우리는 지금 우리 시대의 관점으로 하나님께서 어떻게 사람을 그것도 자녀를 바치라고 하시는지 의문을 품을 수 있지만 그 당시의 문화나 종교적 배경에서 이런 요청은 전반적으로 수용되는 개념이었다. 그러면 하나님도 인신 제사를 원하시는가? 정말 사람을 제물로 바치라고 하는 것인가? 물론 아니다. 하나님은 처음부터 이미 말씀하셨다.

"하나님이 아브라함을 시험하시려고"

하나님이 아브라함에게 이렇게 하라고 하신 것은 정말 그렇게 하라는 것이 아니라 그를 훈련하고자 시험하셨다는 것을 이미 성경은 말씀하고 있다. 또한 이 요청은 하나님이 사람을 제물로 바치는 일을 경멸하신다는 율법의 가르침을 아브라함이 미처 이해하기 이전에 있었던 일이다. 그리고 아브라함이 살고 있던 당시 가나안 사람들 가운데서는 자연스럽게 빈번히 일어난다는 문화적 종교적 배경을 가지고 있다.

그렇다면 이 시대에는 하나님이 어떻게 말씀하실까? 매우 간단하다.

"네 아들을 내려놓아라."

"네 딸을 내려놓아라."

이렇게 말씀하신다. 하나님께서 아브라함에게 이삭을 제물로 바치라고 하신 것은 바로 이와 같은 뜻이라는 것을 우리는 잘 안다. 하나님 앞에 그 어떤 것도 두지 말라는 의미이며 자신에게 가장 소중한 것을 하나님 앞에 믿음으로 드리라는 요청일 수도 있다. 부모의 입장에서 본다면 자녀보다 더 소중한 것이 어디 있겠는가?

모든 말씀은 그 말씀이 기록된 시대적 배경에서 먼저 해석되어야 한다. 그다음 이것을 현대적 상황에서 재해석해야 엉뚱한 질문이나 결론에 도달하지 않게 된다.

결국 순종했는가?

아브라함이 아침에 일찍이 일어나
나귀에 안장을 지우고 두 종과 그의 아들 이삭을 데리고
번제에 쓸 나무를 쪼개어 가지고 떠나
하나님이 자기에게 일러주신 곳으로 가더니
창 22:3

하나님의 말씀이 떨어지고 난 뒤 아브라함이 다음날 아침
일찍 일어나 말씀을 좇아가기까지, 그의 안에 얼마나 많은 생
각과 혼동과 격렬한 몸부림이 있었을지 그다지 영적이지 않아
도 충분히 알 수 있을 것이다. 그러나 22장 2절과 3절 사이에
어떠한 아픔과 몸부림이 있었든지, 또 누군가는 성숙함으로
넉넉히 잘 이겨냈든지 간에 그 핵심은 말씀하신 대로 떠나는
것이다.
신약성경에서도 예수께서 아버지의 뜻대로 행한 자의 예를
다음과 같이 언급하셨다.

그러나 너희 생각에는 어떠하냐
어떤 사람에게 두 아들이 있는데
맏아들에게 가서 이르되 얘 오늘 포도원에 가서 일하라 하니

대답하여 이르되 아버지 가겠나이다 하더니 가지 아니하고

둘째 아들에게 가서 또 그와 같이 말하니

대답하여 이르되 싫소이다 하였다가 그 후에 뉘우치고 갔으니

그 둘 중의 누가 아버지의 뜻대로 하였느냐

이르되 둘째 아들이니이다 예수께서 그들에게 이르시되

내가 진실로 너희에게 이르노니 세리들과 창녀들이

너희보다 먼저 하나님의 나라에 들어가리라

마 21:28-31

우리가 말씀 앞에 어떻게 대답하고 반응했든지, 그리고 그 후 자신 안에 어떤 난리와 격렬한 씨름이 있었든지 그리 중요하지 않다. 가장 중요한 것은 그래서 결국 말씀대로 했느냐, 그렇지 않았느냐 하는 것이다.

그런데 여기서 예수님이 예로 든 사람들을 보면 너무 극단적인 것 같다. 예수님이 지금 이 말씀을 누구에게 하고 계시는가? 바로 바리새인과 서기관들이다. 당시 모든 사람들이 당연히 하나님나라에 들어갈 수 있다고 생각하는 사람들에게 하신 말씀이다. 그와 반대로 예수님은 사람들이 절대로 하나님나라에 들어갈 수 없다고 본 세리들과 창녀들이 그들보다 먼저 하나님의 나라에 들어가리라 말씀하셨다.

예수님이 말씀하시는 핵심은 간단하다.

"나는 너희들이 누구는 천국에 들어가고 누구는 들어가지 못한다고 생각하는지 별로 상관하지 않는다. 그러나 나는 너희에게 분명하게 말한다. 하나님 아버지의 말씀대로 하는 사람, 그들이 천국에 먼저 들어갈 것이다. 반대로 신앙생활 한다고 하면서 종교적인 껍데기와 행위는 있으면서 실제로 말씀대로 하지 않는 사람들은 절대 들어가지 못한다"라고 하시는 것이다.

우리는 우리 나름의 기준에 따라 열심을 내고 뭔가 좀 잘한다고 생각되는 사람들을 보며 "와, 너무 훌륭하시다", "정말 귀하시다"라고 말한다. 이런 칭찬 자체가 잘못되었다는 말은 아니다. 그런데 여기서 나는 한 가지를 분명하게 짚고 넘어가고 싶다. 신앙생활을 잘하기 위해 갖는 과정들과 신앙생활 자체를 잘하는 것은 분별해야 한다는 것이다.

달리 말하면 기도 많이 하고, 말씀 많이 보고, 교회에서 훈련을 잘 받고, 봉사 열심히 하는 것은 본질적으로 신앙생활을 잘하기 위한 훈련의 과정들이다. 이런 것들이 신앙생활을 잘할 수 있게 도와주는 것은 사실이다. 하지만 그 자체가 신앙생활을 잘하는 기준이 될 수는 없다. 신앙생활을 잘하고 안하고, 믿음이 있고 없고는 명확하게 한 가지로 구분된다.

"말씀대로 했는가?"

그래서 뭐가 어떻게 됐든, 즐겁게 기쁨으로 따라 갔든 아니면 힘들어 하고 불평하며 했든 결국은 말씀하신 대로 하는 사람, 그 사람이 믿음이 있는 것이고 믿음생활을 잘하는 것이다.

아브라함은 연약하고 부족한 사람이다. 사실 그는 지극히 평범한 사람이었다. 그런데도 그런 그가 믿음의 조상이 될 수 있었던 결정적인 한 가지 이유는 하나님이 말씀하시면 결국 따라간 것이다. 하란을 떠날 때도, 하나님께 아들을 바칠 때도, 이런 결정적인 순간에 말씀대로 행한 것이 그를 다른 차원의 믿음의 사람으로 만든 것이다.

믿음은 결국 말씀대로 행하는 것이다. 나의 믿음의 대상이 되시는 아버지 하나님이 하신 그 말씀대로 내가 따라 하는 것이 그분을 신뢰하는 것이고 이것이 믿음 있는 것이다.

오랜 침묵 vs 묵묵한 순종

말씀을 좇아 브엘세바로부터 삼 일 길을 걸어서 아브라함이 모리아 산이 보이는 지점에 도착한다. 지난 삼 일 간 아브라함이 아들과 무슨 말을 나누었을까? 겟세마네 동산에서 땀이 핏방울이 되기까지 앞으로 담당할 십자가를 위해 몸부림치는 당신의 아들에게 아버지 하나님께서 뭐라고 말씀하셨을까? 맞다. 이 결정적인 순간에 하나님은 많은 경우 침묵하신다. 이유는 말을 할 수 없거나 말을 해도 이해할 수 없고 그리고 말하지 않는 편이 더 나을 때도 있기 때문이다. 그때는 신뢰함으로 묵묵히 순종하며 나아가야 한다.

25살 때 주님을 깊이 만나 주님께 올인 하고 말씀하신 대로 좇아가겠다고 살아온 지 25년이 되었는데, 돌아보면 가장 결정적인 순간 주님은 당신의 의중을 말씀해주신 다음에도 내가 그 말씀대로 발걸음을 떼기까지 오랫동안 침묵하며 기다리셨다. 나는 이것을 기억한다.

이 결정적인 순간은 참으로 어렵고 때때로 외로울 수도 있다. 그러나 결국 믿음으로 말씀을 좇아 행할 때 그 말씀이 내 삶에 실제가 되고, 동시에 하나님이 앞서 준비하시고, 가장 완전하게 역사하시는 것을 보게 된다.

이 영적 원칙은 지금도 변함이 없다. 하나님은 말씀하신다. 그리고 나는 순종한다. 그러면 결국 그 말씀이 실제가 되는 삶으로 들어가게 된다.

PART 6

모리아 산까지

: 하나님의 동행

CHAPTER 1

두 사람의 동행

아브라함은 그곳에 종들과 나귀를 두고 이제 아들과 단 둘이
모리아 산으로 향한다.

이에 아브라함이 종들에게 이르되

너희는 나귀와 함께 여기서 기다리라

내가 아이와 함께 저기 가서 예배하고

우리가 너희에게로 돌아오리라 하고

아브라함이 이에 번제 나무를 가져다가

그의 아들 이삭에게 지우고

자기는 불과 칼을 손에 들고

두 사람이 동행하더니

창 22:5,6

하나님과 동행하는 예수 그리스도

6절은 인류의 죄를 담당하기 위해 십자가를 지고 골고다로 향하시는 예수님의 모습이 아브라함의 아들 이삭 안에 예표된 말씀이다.

"번제 나무를 가져다가 그의 아들 이삭에게 지우고"

그러나 여기서 나의 시선을 집중시킨 것은 번제 나무를 지고 가는 아들 이삭이 아니라 그 이삭을 잡아 번제로 드리기 위해 불과 칼을 들고 가는 아브라함의 모습이다. 이 아브라함의 모습은 우리 죄를 위해 자신의 독생자 예수 그리스도를 십자가 위에 희생 제물로 내어주신 우리 아버지 하나님의 모습이다.

명백히 말하면 누가 예수 그리스도를 십자가 위에서 제물로 드리도록 했는가? 아버지 하나님이시다. 왜 그랬는가? 우리를 죄와 사망에서 구원하시기 위해 그렇게 하신 것이다. 이 말씀 안에 예표된 두 사람의 모습, 희생 제물이 되기 위해 나무를 지고 가는 이삭과 그 이삭을 잡아 드리기 위해 불과 칼을 들고 가는 아브라함. 그런데 이 두 사람이 모리아 산으로 향하는 모습을 성경에서는 '동행'이라고 표현했다.

"두 사람이 동행하더니"

전 인류의 죄를 지기 위해 골고다로 향하는 주님, 그분과 함께하신 아버지 하나님의 동행이 아브라함과 이삭의 동행 안에 예표로 나타난 것이다. 흔히 누군가와 동행하다고 하면 낭만적인, 따뜻한 햇살 아래 콧노래를 부르며 산들바람이나 강바람을 맞는 상쾌하고 즐거운 여정을 상상한다.

그러나 이 동행은 그런 모습과 전혀 거리가 멀다. 어떻게 보면 참으로 잔인하고 치열하고 두렵고 고통스러운 동행이다. 그러나 이 동행이 있었기 때문에 아브라함은 자신을 향한 하나님의 데스티니를 이루기에 합당한 믿음의 사람으로 인정되었고 결국 믿음의 조상이 된다. 그의 믿음의 순종을 통해 이스라엘이 세워지고 그 이스라엘을 통해 메시아 되신 예수님이 이 땅에 오시게 된다.

마찬가지로 메시아 되시는 예수님은 우리의 모든 죄와 죄의 삯인 사망을 담당하시기 위해 십자가를 지고 골고다로 향하셨다. 그리고 아들을 희생 제물로 내어주시면서 함께 골고다로 동행하신 아버지 하나님의 은혜가 영원히 죽을 수밖에 없는 나와 여러분을 향한 구원의 길을 대로처럼 열어놓은 것이다. 번제물로 향하는 동행과 십자가의 대속의 제물로 향하는 동행은 인류 역사상 가장 아름다운 그러나 가장 고통스러운 동행이었다. 이 놀라운 동행이 데스티니를 향한 돌파를 이루고 생명의 길을 열었다.

하나님은 지금도 그리스도 예수로 말미암아 자녀 된 우리를 이 놀라운 구원과 생명의 확장을 위한 동행으로 초청하신다. 지금 우리가 서 있는 이 땅과 열방의 잃어버린 영혼들을 구원하기 위한 하나님과의 동행에 기꺼이 이삭이 될 사람들, 십자가를 지고 기꺼이 따라갈 하나님의 사람들을 찾고 계신다. 이 동행을 위해 우리에게 필요한 것은 단순하고 기본적인 믿음이다. 우리 아버지 하나님은 선하시다. 하나님은 우리를 향한 최선으로 우리를 인도하신다. 그리고 그분의 가장 완전한 뜻을 결국 이루실 것이라는 믿음이다.

이 믿음이 우리를 놀라운 하나님과의 동행으로 인도하고, 이 동행은 결국 시대를 변화시킨다. 에녹이 함께했고, 모세가 함께했고, 아브라함이 함께했고, 기드온이 함께했고, 예수님이 함께하셨고, 제자들과 사도 바울이 함께했던 동행은 아버지 하나님에 대한 믿음의 구체적인 표현이었다. 이 믿음의 동행이 세상을 변화시켰다.

우리가 대단한 일을 하는 것이 아니라 대단한 일을 행하실 아버지 하나님을 신뢰함으로 그분의 초청에 믿음으로 한 걸음씩 동행하는 것이다. 우리가 하나님과 동행하는 것이 아니다. 하나님께서 우리를 그분과 동행하는 삶으로 초청하시는 것이다.

CHAPTER 2

|

다른 차원의 믿음

아들 이삭이 이 동행의 침묵을 깨고 아버지에게 묻는다.

이삭이 그 아버지 아브라함에게 말하여 이르되

내 아버지여 하니 그가 이르되

내 아들아 내가 여기 있노라

이삭이 이르되 불과 나무는 있거니와

번제할 어린 양은 어디 있나이까

창 22:7

아들의 이 질문을 듣고 감정이나 생각이 미처 정리가 되지 않았다면 아브라함도 무심코 찔려서 발끈할 수 있었을 것이다. 사실 아브라함의 입장에서 달리 할 말이 있을 만한 상황도 아니다.

아들의 질문에 아브라함이 이렇게 대답한다.

> 아브라함이 이르되 내 아들아 번제할 어린 양은
> 하나님이 자기를 위하여 친히 준비하시리라 하고
> 두 사람이 함께 나아가서
>
> 창 22:8

이 고백 안에 두 가지 의미가 함축되어 있다. 먼저 아들 이삭을 바치라는 하나님의 말씀에 순종하면서도 동일한 아들을 통해 큰 민족을 이루신다고 하신 말씀을 하나님께서 구체적으로 어떻게 풀어주실지 그의 머리로는 알 수 없다는 것이다. 그래서 결론을 내리기를 "하나님이 자기를 위하여 친히 준비하시리라", 그러니까 "하나님이 알아서 하실 것이다"라는 말이다. "하나님이 행하실 것이나 나는 잘 모르겠다. 나는 다만 순종하고 하나님은 역사하신다"라는 아브라함의 믿음의 고백이다.

이 고백의 두 번째 의미가 히브리서에 나온다.

> 그가 하나님이 능히 이삭을 죽은 자 가운데서
> 다시 살리실 줄로 생각한지라 비유컨대

그를 죽은 자 가운데서 도로 받은 것이니라

히 11:19

이 말씀을 통해 우리는 먼저 아브라함이 아들 이삭을 번제물로 분명히 드리려고 했으며 다른 선택이 있다고 생각하지 않았다는 것을 분명히 알 수 있다. 쉽게 말해서 대충 드리는 흉내만 내는 것이 아니라 확실히 드리고자 했음을 알 수 있다. 그런데 그다음이 놀랍다. 그렇게 아들을 하나님께 번제로 드리면 하나님이 그 아들을 죽음에서 다시 살리실 것으로 생각했다는 것이다.

"비유컨대 그를 죽은 자 가운데서 도로 받은 것이니라"

아브라함의 믿음이 죽은 자를 살리는 부활의 믿음으로까지 나아간 것이다.

절대 믿음

아들을 번제로 드리면 하나님께서 죽은 아들을 다시 살려서 그에게 주실 것이라고 믿었다니 놀랍지 않은가? 당연하다고 생각하는가? 죽은 자의 부활에 대한 믿음은 예수님의 죽으심과 부활을 통해 이 시대 우리에게는 분명하지만 아브라함의 때에는 전혀 그렇지 않았다. 바쳐진 제물이 다시 부활한다는 것은 가르침도 경험도 전무하던 그런 때이다.

그러면 그럼에도 불구하고 그가 부활의 신앙을 가질 수 있었던 이유는 무엇인가? 하나님에 대한 절대적인 신뢰가 있었기 때문이다. 그 신뢰가 부활의 신앙까지 바라보도록 한 것이다. 이처럼 믿음에는 제한이 없다. 믿음은 모든 생각과 이해의 영역을 돌파하도록 하고 궁극적으로는 불가능을 가능케 한다. 왜냐하면 믿음은 하나님을 제한하지 않기 때문에 결국 하나님 수준의 역사를 확실히 바라보도록 해주기 때문이다.

반대로 불신은 하나님을 제한한다. 하나님에 대한 자신의 이해와 생각으로 스스로 막혀버리기 때문에 하나님의 무한하심을 제한해버린다. 그러므로 우리는 기억해야 한다. 나는 불가능하다. 그러나 하나님은 가능하시다. 왜냐하면 그분에게는 불가능이 없기 때문이다. 이것이 믿음이 할 수 있는 무한한 가능성이다. 우리의 믿음의 대상이신 하나님께서 무한하시고 지금도 살아서 역사하시는 하나님이시기 때문이다.

우리는 허구나 단순한 신념 따위의 최면에 걸려 현실을 도피한다든지 자신만의 환상 가운데 사는 것이 아니다. 하나님은 지금 내가 살고 있는 이 현실에서 여전히 살아 역사하시는 분이다. 하나님은 믿음을 통해 믿음이 전혀 역사하지 않을 것 같은 현실의 한복판에서 현실의 모든 원리와 규칙을 초월하여 역사하신다. 믿음은 우리를 하나님의 무한한 역사의 현장으로 인도한다.

따라서 믿음이 도무지 역사할 것 같지 않은 이 세대에도 결국 믿음이 이긴다. 우리 때문이 아니다. 우리가 믿는 믿음의 대상이 되시는 살아 역사하시는 하나님 때문에 믿음은 반드시 이긴다. 믿음이 역사하지 않는 이 세상 판(板)의 원리에 따라 믿음을 제한해서는 안 된다. 모든 판을 초월하여 역사하시는 하나님, 필요하다면 이 세상의 판 자체를 바꾸시는 하나님을 믿을 때 하나님께서 판을 뚫고 역사하신다는 것을 소망하며 경험하게 되는 것이다.

　이처럼 믿음은 평상시에는 진가가 드러나지 않다가 결정적인 순간 판명된다. 평소에는 모두 같아 보인다. 하지만 결정적인 순간을 통하여 실제적인 믿음이 증명되고, 그렇게 증명된 믿음을 통하여 믿음은 우리 삶에 실제가 되어 열매로 나타난다. 이때 강력한 돌파가 일어난다.

　이 시대의 차가운 지성과 논리적인 의견은 여전히 우리에게 "그래도 안 되잖아요", "그건 불가능해요", "그건 말이 안돼요"라고 떠든다. 그렇다면 부끄럽지만 믿음의 원리나 영적인 원리가 아니더라도 이 메시지로 우리를 깨우기 원한다. 현대그룹의 고(故) 정주영 회장이 아랫사람들에게 늘 던졌다는 질문이 있다.

　"해봤어?"

　어쩌면 우리는 해보지도 않고 절대 믿음대로 되지 않을 거라고 '믿고' 있는지도 모른다.

흔들림 없는 순종

아브라함은 하나님의 말씀 앞에 하나님을 향한 온전한 믿음으로 흔들림 없이, 일러주신 장소에 아들 이삭과 함께 이르게 된다.

> 하나님이 그에게 일러주신 곳에 이른지라
> 이에 아브라함이 그 곳에 제단을 쌓고 나무를 벌여 놓고
> 그의 아들 이삭을 결박하여 제단 나무 위에 놓고
> 손을 내밀어 칼을 잡고 그 아들을 잡으려 하니
> 창 22:9,10

이 말씀을 자세히 보라. 마치 목록을 만들어둔 것처럼 하나님의 말씀을 따라 순차적으로 순종하는 아브라함의 모습이 잘 나타난다. 한 단계 한 단계 수행하면서 아브라함의 마음은 아마 천 갈래 만 갈래로 찢어지는 것처럼 아팠을 것이다.

그런데 더 놀라운 사실이 있다. 아브라함이 하나님의 말씀을 좇아 흔들림 없이 순종한 것처럼 아들 이삭 역시 미동도 하지 않고 아버지 아브라함에게 자신을 맡기고 있다는 사실이다. 지금 이삭이 자신에게 무슨 일이 일어나고 있는지 모를

까? 너무 어려서? 어딘가 모자라고 멍해서? 이삭이 번제에 쓸 나무를 직접 지고 모리아 산으로 올라갈 정도라면 족히 청소년은 넘는다. 충분히 지금 상황이 어떻게 흘러가고 있는지 이해할 수 있는 나이다. 아브라함이 흔들림 없이 순종하는 것처럼 아들 이삭도 아버지에게 그대로 순복하고 있는 것이다. 마치 십자가 위에서 아버지께 자신을 온전히 맡기신 주님처럼 말이다.

아버지 내 영혼을 아버지 손에 부탁하나이다

눅 23:46

아들을 번제물로 드리려는 아브라함의 모습, 이 장면을 담은 그림이 많이 있고 다양한 관점에서 표현되었는데, 나는 번제단 위에 있는 아들을 칼로 잡으려고 하는 아브라함과 그것을 바라보며 공포스러워하는 이삭의 모습은 실제와 조금 다를 수 있다고 생각한다.

제물로 바치는 양을 잡는 모습은 대략 이렇다. 양이 움직이지 못하도록 양을 뒤에서 안으며 한 손으로 얼굴을 감싸듯 붙잡고 다른 한 손으로는 칼로 목젖을 단번에 끊어 미동이나 큰 고통 없이 죽이고 그 다음 그 피를 땅에 쏟는다. 만약 묶여 있는 상태에서 잡으려다가 양이 움직여서 숨통을 단번에 끊어버리지 못하면 큰 낭패를 보게 된다. 아브라함도 이삭을 잡으려고 할 때 아마 같은 모습으로 움직이지 못하도록 결박한 다음 이삭을 뒤에서 감싸 안으며 한 손으로 얼굴을 휘감아 고정시키고 한 손으로는 칼을 목젖에 대고 단번에 숨통을 끊으려고 했을 것이다.

바로 그 순간 여호와의 사자가 아브라함을 부른다.

"아브라함아, 아브라함아"

1절에서 부르실 때와 달리 두 번 연달아 부르신다. 아마 다급히 부르셨다는 것을 표현한 것 같다. 그러자 아브라함이 대답한다.

"내가 여기 있나이다"

이것이 히브리어로 '히네니'라는 말이다. 그 의미는 "네. 준비되었습니다. 말씀만 하십시오"이다. 하나님이 말씀만 하시면 그대로 아들의 숨통을 끊어 번제물로 드릴 모든 준비가 되었다고 말하는 것이다. 마지막 순간까지 그는 흔들림 없이 말씀대로 순종했다. 이 결정적인 순간에 아브라함이든 이삭이든 둘 중에 한 사람이라도 틀어졌다면 온전한 순종은 묘연해진다. 아브라함과 이삭 모두 마지막까지 온전히 순종했기 때문에 하나님의 세미한 음성이 선포된 것이다.

CHAPTER 3

|

하나님의 인정

사자가 이르시되 그 아이에게 네 손을 대지 말라

그에게 아무 일도 하지 말라

네가 네 아들 네 독자까지도 내게 아끼지 아니하였으니

내가 이제야 네가 하나님을 경외하는 줄을 아노라

창 22:12

최고의 인정

이것은 신학적으로 좀 맞지 않는 말씀이다. 왜냐하면 하나
님께서는 모든 곳에 계시며 모든 것을 아시고 모든 것이 가능
하시다고 하면서 새삼스럽게 여기서는 마치 아브라함이 하나
님을 경외하는지 아닌지 잘 모르셨다가 이삭을 바치는 순간
"이제 알겠다!"라고 말씀하시는 것 같기 때문이다. 중심을 보

시는 하나님께서 아브라함의 중심은 보지 못하셨나? 그게 아니다. 하나님은 이미 아브라함의 중심까지 다 아셨다. 그럼 여기서 "내가 이제야 아노라"라는 말씀은 무슨 의미인가? 하나님이 모르셨다가 알게 되었다는 것이 아니라 아브라함을 향해 선포해주신 말씀이다.

"아브라함아, 이제 너는 나를 경외하는 자가 맞아. 이제부터 너는 내게 그런 사람이다…."

하나님이 보시기에 아브라함이 어떤 존재인지 그에게 직접 확인시켜주시는 말씀이다. 하나님께서 처음 아브라함에게 나타나셔서 그를 인도하실 때는 아브라함에게 하나님이 어떤 분이신지를 설명하셨다. 그러나 지금은 아브라함이 하나님에게 어떤 존재인지 확인시켜주시며 인정해주시는 것이다. 누군가의 인정을 받는다는 것, 그것도 내가 가장 신뢰하고 존경하는 분으로부터 최고로 인정을 받는다면 그처럼 우리를 기쁘고 의미 있게 하는 것은 없을 것이다.

흔히 여자는 사랑을 먹고 살고 남자는 인정을 먹고 산다고들 말한다. 나를 비롯한 대다수의 단순한 남자들은 자신을 인정해주는 사람이 있다면 그 사람에게 목숨을 건다는 말이다. 얼마 전 내가 사랑하고 존경하는 형님 목사님이 카톡방에 함께 동역하는 사역자들을 한 사람 한 사람 칭찬하는 글을 남기셨다. 그때 나에게는 "불평하지 않고 항상 충성된 윤

목사"라고 말씀해주셨다. 그때 형님께 감사하는 마음과 함께 내 안에 거룩한 부담이 일어나는 것을 느꼈다.

"아!! 난 이제부터 불평하면 안 돼. 그리고 항상 충성되어야 해."

참 단순한 논리지만 그렇다고 인정해주시는 분 앞에 그렇게 하고 싶은 강한 동기가 일어난 것이다. 마찬가지다. 사실 하나님의 사람들을 진정으로 만족시키는 것은 크고 놀라운 사역이 아니다. 처음에는 어떨지 몰라도 시간이 지나면 사역 자체가 우리를 만족시키지 못한다는 것을 깨닫는다. 그래서 크고 놀라운 사역 이후 하나님의 사람들이 종종 내적인 공허감으로 힘들고 어려워할 때가 있다. 사역의 귀한 열매를 보고 사람들의 칭찬도 들으면 잠시 마음은 뿌듯하지만, 실상 조용히 혼자 있을 때 속에서부터 밀려오는 공허감을 감당하지 못할 때가 있다. 그래서 자칫 큰 실수에 빠지기도 하는 것이다.

그런데 우리에게 진정한 만족을 주는 것이 있다. 한순간에 모든 공허감을 날릴 수 있는 것은 "아들아, 딸아, 나는 네가 자랑스럽다"라고 말씀하시는 아버지의 음성과 그분으로부터 오는 확인이다. 그때 우리 안에는 세상의 어떤 것으로도 채울 수 없는 충만한 기쁨과 하나님의 은혜로 가득 차게 된다.

물론 하나님은 우리의 있는 모습 그대로 사랑하고 소중히 여기신다. 그러나 그런 우리가 하나님의 특별한 기쁨이 되고

자랑스럽게 여겨지는 것은 다르다. 마치 내가 내 자녀를 사랑하고 그 존재 자체를 소중히 여기지만, 그 아들의 귀한 헌신과 순종을 보며 기뻐하고 만족하여 "와! 우리 아들, 너무 멋지다"라고 하는 것과 같다.

주님의 기쁨 되는 순종

있는 모습 그대로 사랑받는 존재이지만 그 존재가 더 큰 기쁨이 되는 순간이 언제일까? 바로 순종할 때다. 그래서 하나님은 순종을 제사보다 더 기뻐하시고 순종을 경외함의 증거로 보신다. 하나님을 정말 경외하기 때문에 그분의 말씀을 경청하며 순복하는 것이다.

> 순종이 제사보다 낫고 듣는 것이 숫양의 기름보다 나으니
>
> 삼상 15:22

하나님의 기쁨이 되기 원하는가? 아주 간단하다. 그분의 뜻을 좇아 순종하라. 그분이 가장 기뻐하는 것은 순종이다. 왜냐하면 순종은 하나님에 대한 온전한 신뢰의 표현이기 때문이다. 신뢰가 없는데 순종이 되는가? 더 깊은 차원의 신뢰는 더 높은 차원의 순종으로 들어가도록 한다. 결국 하나님은 하나님을 온전히 신뢰해드리는 것을 가장 기뻐하신다.

그러므로 사랑하는 여러분, 다시 한번 강조한다. 크고 놀랍고 대단한 일이 아니라 아버지께서 지금 내게 말씀하시는 그 일에 집중하고 순종하기를 도전한다. 영적으로 깨어 있는 상태를 유지하라. 말씀하시고 인도하시는 하나님의 뜻을 민감하게 분별할 수 있는 영적 상태를 유지하면서 아버지의 뜻이 분명할 때 그분을 사랑하고 경외함으로 그 말씀에 즉각 순종하는 태도가 있기를 바란다. 때로는 나의 이성과 논리로 이해가 되지 않아도 순종하면 하나님이 역사하신다.

다시 강조한다. 순종은 결단으로 되지 않는다. 기억을 더듬어보라. 정말 죽을 듯이 결단했지만 잘 안 된 경우가 얼마나 많은가? 결단은 우리가 순종할 수 있는 방향으로 삶을 재설정해준다. 그러나 그 자체로 순종이 이루어지는 것은 아니다. 순종은 순종이 가능한 영적인 상태와 태도가 있기 때문이다. 이 영적 상태와 태도는 오랫동안 하나님과의 인격적이고 영적인 교제와 체험들을 통해 그분을 더욱 깊이 알아가고 신뢰하기 때문에 내 안에 차곡차곡 쌓이듯 스며드는 것이다.

시간이 많이 걸리는 과정이지만 무엇보다 가치 있는 투자라고 믿는다. 지금부터 시작하기를 도전한다. 그리고 이미 그 여정 가운데 있다면 더 깊은 차원으로 들어갈 수 있기를 사모하고 요청하기를 도전한다. 절대 만족하지 말라! 영적으로 더 목마르고 갈급함으로 더 깊이 나아갈 수 있기를 도전한다.

CHAPTER 4

여호와 이레

아브라함은 이 순종의 현장에서 그를 위하여 모든 것을 예비하신 '여호와 이레'의 하나님을 경험한다. 하나님을 경외함으로 순종한 현장에서 자신을 위해 모든 것을 미리 준비하고 초청하신 하나님을 발견한 것이다. 하나님의 말씀에 순종하는 것은 나를 위한 가장 완전한 하나님의 세팅장으로 나아가는 문과 같다.

믿음이 실제가 되는 삶으로 나아가라

여호와께서 준비하신 삶의 현장, 창세전부터 계획하신 완전하신 하나님의 놀라운 현장으로 들어가기 원하는가? 그렇다면 믿음으로 그분의 인도하심을 따라가라. 그러면 나를 위해 모든 것을 예비해두신 여호와 이레를 경험하게 될 것이다.

사랑하는 여러분, 기억하자! 아브라함은 순종의 사람이 되기까지 하나님과 40년을 동행했다. 그 하나님과 동행하면서 두 가지를 준비했다. 늘 깨어 반응할 수 있는 영적 상태, 즉각적으로 하나님의 뜻에 반응할 수 있는 영적 태도로 순종했으며 이것이 '여호와 이레'로 그를 인도하였다. 이것이 믿음이 먹히지 않을 것 같은 이 세상의 구조와 시스템을 이기는 유일한 비결이다. 하나님은 믿음이 먹히지 않는 세상 가운데 믿음이 먹히는 세팅을 준비하신다.

이 세팅장으로 들어가는 문이 믿음이다. 믿음을 통해 하나님이 믿는 자녀들을 위해 준비하신 놀라운 세팅의 현장으로 들어가는 것이다. 이것이 돌파다. 이때 믿음은 믿음이 작동되지 않는 거만하고 뒤틀린 세상의 구조와 시스템 한복판에서 결국 우리의 실상이 된다.

> 믿음은 바라는 것들의 실상이요 보이지 않는 것들의 증거니
>
> 히 11:1

놀라운 사실은 아브라함이 지극히 평범한 사람이었다는 것이다. 오히려 평범보다 조금 부족하다고 볼 수 있을 만큼 실수도 많고 연약함도 있었다. 그러나 그는 평생 하나님의 말씀을 좇아가는 삶의 여정을 포기하거나 멈추지 않았고, 가장 결

정적인 순간 믿음으로 순종하여 돌파를 이루어냈다. 나는 우리 모두 이 삶으로 들어갈 수 있기를 기대한다. 여호와 이레 하나님을 만날 수 있는 삶, 나를 향한 그분의 데스티니가 열리고 확정되는 삶, 믿음이 실제가 되는 삶으로 나아갈 수 있기를 축복한다.

하나님께 내가 만든 세팅장으로 와달라고, 그리고 역사해달라고 떼를 쓰는 어리석은 자가 되지 말자. 생각해보라! 하나님께서 어떻게 내가 생각하고 계획한 테두리 안에서만 역사하시는 분이 되실 수 있는가? 그렇다면 그분은 이미 하나님이 아니다. 반대로 내가 만든 삶의 세팅장에서 믿음으로 뛰쳐나가 하나님이 가장 완전하게 준비해놓으신 세팅장으로 들어가기를 도전한다.

그곳에서 우리는 여호와 이레를 만나게 된다.

CHAPTER 5

믿음의 세대

사역을 하면서 한순간 힘 빠지게 하는 일들은 믿지 않는 사람들에 의해서 일어나는 것이 아니다. 오히려 믿음에 있고 정말 훌륭하다는 사람들에 의해서 종종 일어난다. 사역의 특성상 청년들을 훈련하여 내보내는 일들을 하다보면 결국 훈련을 잘 받은 청년들은 자신의 삶의 시간을 떼어서 주님께 드려 선교로 헌신한다. 그러면 그때부터 구체적인 준비 작업에 들어가게 되는데, 그럴 때마다 거의 공통적으로 믿는 부모님들 때문에 어려워지는 일들이 일어난다.

그렇게 믿음이 좋고 헌신적이던 분들이 당신 자녀의 헌신에 대해서는 못마땅해 하시는 것이다. 그래서 나는 부모님의 신앙을 평가하는 매우 중요한 기준 하나를 세웠다. 그것은 자녀의 헌신에 얼마나 적극적이고 성경적인 태도를 보이시느냐에 두는 것이다.

부모님은 자녀가 헌신하겠다고 하면 매우 주관적인 관점으로 보고 적용할 때가 많다. 평소 알던 청년이 믿음생활을 열심히 하고 선교 하러 간다고 하면 그는 아주 훌륭한 청년이고 나중에 기둥 같은 일꾼이 될 거라고 하면서, 자신의 자녀가 교회에서 열심을 내어 학업이나 학교생활에 조금이라도 소홀한 것 같거나 졸업하고 직장을 잡아야 할 나이에 선교 가겠다고 하면 자기 자녀를 좀 말려달라고 한다.

부모님들이 말씀하는 핵심은 아직 준비가 되지 않았는데 충동적으로 반응한다는 것이다. 그럴 때 나는 종종 당황해하면서도 단도직입적으로 말한다. 아이는 준비가 되었는데, 부모님이 준비가 안 된 것 같다고…. 그럼 얼굴을 붉히거나 큰 기침을 한번 하시고 하고 싶은 본론을 말씀하신다. "아이들을 이렇게 보내면 안전은 누가 책임지느냐? 선교를 마치고 돌아온 다음 우리 아이들의 미래는 누가 책임지느냐?"

그럼 나는 두 가지 성경 구절을 드린다.

너희는 먼저 그의 나라와 그의 의를 구하라
그리하면 이 모든 것을 너희에게 더하시리라
마 6:33

내가 세상 끝날까지 너희와 항상 함께 있으리라 하시니라

마 28:20

내 자녀의 삶에도 역사하시는 주님!

믿음의 아비와 어미 세대들이 종종 범하는 실수가 있다. 나는 이렇게 고생하지만, 힘들게 신앙생활 하고 봉사하고 헌신하지만 내 자식만큼은 좀 편하고 여유 있게 살았으면 좋겠다는 것이다. 그러면 나는 "그럼 당신의 신앙은 가짜다. 그것을 기복신앙이라고 하는 것이다" 이렇게 말하고 싶을 때가 많다. 하지만 그렇게 하지 않고 성령님이 주신 지혜를 따라 나누려고 노력한다.

"사랑하는 집사님, 집사님의 말씀은 마치 제게 이렇게 들립니다. 하나님께 '나는 어찌되었든 이렇게 고생할 테니, 대신 내 자식들은 잘되게 해주시고 내버려두세요!'라고 말입니다."

이분들 안에 어마어마한 믿음이 있다. 하나님이 내게 선하시고 가장 완전한 길로 인도하시고 그래서 나는 그 길을 좇아가는 것이 최선이지만, 우리 아이들은 그 길로 가면 고생길이고 망할 것이라는 믿음이다. 이 믿음이 얼마나 강력한지 말씀으로도 설득이 되지 않는다. 더욱 안타까운 것은 사역자들 안에도 이런 믿음이 있다는 사실이다. 목회나 선교가 얼마나 힘들고 어려운데 그것을 시키겠느냐는 것이다. 심지어 어떤 분

들은 목회는 괜찮지만 선교는 안 된다고 하신다.

고난과 역경을 통해 얻을 수 있는 준비와 축복을 고난과 역경 없이 소유하게 되면 그 축복은 결국 저주가 된다. 성경이 이것을 너무나 많이 강조하고 있다. 우리가 하나님의 자녀임에도 불구하고 하나님께서 왜 우리를 잘 준비된 세팅의 현장과 큰 축복으로 곧장 인도해주시지 않고 연단하고 훈련하시는가? 큰 축복을 잘 감당할 사람으로 준비시키기 위해서, 이후 더 큰 축복 앞에서도 무너지지 않도록 하기 위해서다.

그런데 우리는 왜 우리의 자녀들을 스스로 무너질 수밖에 없는 길로 들여보내려고 하는가? 내 삶을 최선으로 인도하신 하나님께서 내 자녀의 삶에도 역사하지 않으시겠는가? 사역이 왜 힘든가? 주님의 일 하는 것이 왜 그렇게 어려운가? 사실 먹고사느라 세상에서 분투하는 성도들의 삶 역시 결코 만만하지 않다. 오히려 그들이 더 힘들어 보일 때도 많다. 또 먹고사는 문제는 언제나 어느 분야에서나 다 힘들고 고달프다.

그렇기 때문에 우리는 어떤 일을 하든지 결국 믿음으로 사는 것이다. 하나님이 살아 계신다는 믿음! 자신을 찾는 자들에게 상 주신다는 믿음! 그리고 그분이 모든 분야를 망라하여 역사하신다는 믿음! 그래서 결론적으로 모든 세대에도 동일하게 역사하신다는 믿음으로 우리는 살아가는 것이다.

나에게도 두 자녀가 있다. 물론 아직 어린 아이들이기 때문에 나 역시 내 아이들의 미래에 대해 섣불리 말하기는 어렵다. 그러나 나는 그 아이들이 나와 같이 하나님의 사람들을 세우는 선교 사역에 헌신했으면 좋겠다고 생각한다. 물론 결국 각자 하나님 앞에서 부르심을 확인받고 인도하심을 좇아 나아가게 되리라 믿고 기도한다. 그리고 가능하면 빨리 주님께서 아주 진하고 화끈하게 만나주시고 만져주시기를 기도한다.

다음세대에게 역사하는 믿음을 물려주자

아브라함이 그의 말년에 한 믿음의 행동은 아들 이삭을 위해 가나안 이방 신을 섬기는 자들이 아닌 자신의 친족에게 가서 아내를 구하도록 종에게 명령한 사건이다. 여기서 우리는 아브라함이 당연히 그렇게 했으리라 생각해서는 안 된다. 아브라함은 '히브리' 사람이다. 의미상 강을 건너서 가나안 땅에 들어온 외인(外人)이다. 그런 아브라함의 입장에서 본다면 아들 이삭이 가장 확실하게 그 땅에서 자리잡을 수 있도록 그의 삶을 배려할 수 있는 일이 무엇이라고 생각하는가? 바로 가나안 족속 중에서, 그것도 가장 세력이 큰 왕의 딸과 결혼을 시키는 것이다. 이미 동맹을 맺은 사람들도 있었기 때문에 충분히 가능한 일이다. 바로 정략결혼이다.

그러나 아브라함은 그렇게 하지 않는다. 이유는 간단하다. 가나안 땅에는 야훼 하나님을 경외하는 자들이 없기 때문이다. 그래서 멀리 친족에게 보내어 아내를 구하도록 한 것이다. 그리고 종에게 이삭의 아내가 될 여인이 따라오지 않는다고 하더라도 이삭을 가나안을 떠나 그 땅으로 인도하지 말도록 당부한다. 이유는 가나안 땅이 그들의 유업이기 때문이다.

참으로 곤란하고 힘든 결정이다. 그러나 아브라함은 다시 믿음으로 약속의 말씀을 좇아 행한다. 결과는 무엇인가? 아들 이삭 역시 가나안 사람들의 텃세로 백 배 열매를 맺은 땅에서 쫓겨나기도 하고 애써 판 우물을 빼앗기는 일들이 벌어졌다. 그렇게 될 줄 몰랐겠는가? 알았다. 그런 불편하고 어려운 일이 일어날 것을 뻔히 알았지만 믿음으로 행한 것이다. 믿음으로 행하면 하나님이 자신을 지켜주셨듯이 아들 이삭도 지켜주실 것을 믿었기 때문이다.

이 믿음을 다음세대에 물려주어야 한다. 편하고 잘 살 수 있도록 만들어준다고 해서 편하고 풍성하게 사는 것은 아니다. 세상도 다 아는 사실이다. 부모로부터 경제적으로 독립하지 못하고 스스로 서지 못한 자녀들은 평소에는 잘 지내는 것 같아도 위기와 어려움 앞에서는 한순간에 무너져버린다. 왜냐하면 위기를 감당할 준비가 되어 있지 않기 때문이다. 또한 물려받은 것을 감당할 만한 성숙함이 부족하기 때문이다.

우리가 물려주어야 할 것은 잘 먹고 편하게 살 수 있는 시스템과 구조 안에 있는 부산물들이 아니다. 그 시스템과 구조를 돌파하고 제한받지 않을 믿음이다. 믿음이 역사하는 것을 삶으로 보여주어야 하고, 그렇게 역사하는 믿음을 자녀들에게 심어주어야 한다. 그렇게 할 때 자녀들은 믿음이 역사할 것 같지 않은 세상 안에서 믿음으로 돌파하며 살아간다. 그리고 그 믿음이 세대에서 세대로 이어져서 결국 믿음의 열매를 맺게 되는 것이다.

믿음의 조상이 되라

아브라함의 삶의 마지막 기록이다.

아브라함의 향년이 백칠십오 세라

창 25:7

아브라함은 75세에 하나님의 부르심을 좇아 100년을 동행하고, 어느 누구에게도 붙일 수 없는 수식어, '믿음의 조상'이라는 이름으로 생을 마감한다. 그가 평생에 행한 것은 두 가지다. 믿음의 자녀인 이삭을 낳은 것과 믿음으로 하나님의 말씀을 좇아 행한 것이다. 그렇게 그는 믿음의 조상이 되었다. 믿음이 역사하지 않을 것 같은 가나안의 구조와 시스템 안에서도 결국 믿음으로 돌파하여 하나님의 유업을 이어가도록 이삭을 세우고 생을 마감한 것이다.

화려하지도 놀랍지도 않고 지극히 평범한 듯하지만 범상한 그의 삶을 통해 하나님은 이스라엘의 뿌리를 그 땅에 박아두셨다. 그리고 말씀대로 그 땅은 그의 씨인 이스라엘에게로 돌아갔다. 결국 하나님이 행하신 것이다. 아브라함의 믿음을 통해, 이삭의 믿음을 통해, 그리고 야곱의 믿음을 통해 하나님이 행하신 것이다.

이 믿음으로 초청한다. 우리의 믿음을 조롱하고 비웃는 세상에서 결국 우리가 여전히 붙들어야 할 것은 바로 믿음이다. 믿음은 세상의 구조와 시스템을 초월한다. 왜냐하면 우리의 믿음의 대상이신 하나님이 세상의 구조와 시스템을 초월하신 분이기 때문이다. 예수님은 친히 오셔서 이 초월적인 삶을 우리에게 직접 보여주셨다. 그리고 우리에게 말씀하신다.

"나를 따라 오너라"
"내가 세상을 이기었노라"

나는 지금도 믿음을 비웃는 세상을 향하여 선포한다. 믿음이 이긴다. 주 예수를 믿는 우리의 믿음이 이긴다. 믿음은 하나님이 동행하시는 삶으로, 하나님이 우리 편에서 우리를 위하시는 삶으로 우리를 인도한다.

그런즉 이 일에 대하여 우리가 무슨 말 하리요

만일 하나님이 우리를 위하시면

누가 우리를 대적하리요

롬 8:31

약속의 말씀대로
반드시 성취하시는 하나님

지금도 많은 믿음의 형제자매들이 유브라데 강 앞에서 주저하고 있다. 강을 건너는 대신 나름대로 자신의 삶을 살아내려고 몸부림친다. 그러나 강을 건너지 않으면 본질적인 삶의 변화는 묘연하다. 왜냐하면 강을 건너지 않는 것이 믿음을 거부하는 결정적인 행동이기 때문이다. 내가 주인 된 삶에서 하나님이 주인 된 삶으로 들어가는 것, 나의 생각과 계획을 따라 내가 주관하는 삶에서 주님의 뜻을 따라 주님이 주관하시는 삶으로 들어가는 것이기 때문이다.

두려움! 이것이 가장 큰 이유다. "만약… 만약… 만약…", 이것이 우리 안의 두려움에서 나온 수많은 가정들이다. 이 모든 가정들의 결론은 만약 약속의 말씀처럼 되지 않는다면 어떻게 되느냐 하는 것이다. 사실 약속의 말씀대로 하나님이 하지 않으신다면 하나님은 그 순간 우리와 무관한 분이 되신다. 하나님은 우리가 약하고 신실하지 못해서 실수해도 하나님 자신을 두고 맹세하신 약속을 지키시겠다고 말씀하신다.

아브라함의 삶이 이 약속의 증명이다. 많은 실수와 연약함에도 불구하고 아브라함의 이 믿음의 삶이 결국 약속의 땅의 판세를 바꾸었다. 유브라데 강을 넘어 가나안으로 들어온 이방 사람이 가나안 땅의 판을 바꾸어버린다. 그 땅에서 자신들만의 전통과 룰(rule)을 가지고 아브라함을 터부시했던 그들이 결국은 아브라함을 인정하고 그의 하나님을 인정하게 되었다.

예수님도 이 땅에 오셔서 하늘의 원리가 작동하지 않고 종교의 영과 죄악으로 가득 찬 세상에서 하늘의 원리가 작동되도록 믿음으로 행하셨다. 그 결과 세상의 모든 구조와 시스템을 깨뜨리시고, 죄와 사망의 권세를 파하시고, 부활하셨다. 이 복음으로 우리를 초청하신다.

"나를 따라오너라."

　당신은 세상의 구조와 시스템에 길들여진 채 살기 원하는
가? 아니면 그것을 초월하는 하늘의 원리를 이 세상에 풀어놓
는 삶을 살기 원하는가? 당신의 삶을 통해 하나님께서 살아
역사하시는 것을 본 믿지 않는 자들이 아비멜렉과 같이 "네가
무슨 일을 하든지 하나님이 너와 함께 계시도다"라고 고백하
도록 하는 그런 삶을 살 것인가? 당신에게 달렸다.
　초청은 모든 자에게 주어졌다. 그러나 잔치는 청함을 받아
들이고 과감하게 들어오는 자만이 누릴 수 있다.

유브라데 강을 넘어

초판 1쇄 발행	2018년 12월 3일
지은이	윤성철
펴낸이	여진구
책임편집	안수경, 최현수
편집	김아진, 권현아, 이영주, 김윤향
책임디자인	노지현, 마영애 | 조아라
기획 · 홍보	김영하
마케팅	김상순, 강성민, 허병용
제작	조영석, 정도봉

해외저작권 기은혜
마케팅지원 최영배, 정나영
경영지원 김혜경, 김경희

이슬비전도학교 최경식
303비전장학회 & 303비전꿈나무장학회 여운학

303비전성경암송학교 박정숙

펴낸곳 규장

주소 06770 서울시 서초구 매헌로 16길 20(양재2동) 규장선교센터
전화 02)578-0003 **팩스** 02)578-7332
이메일 kyujang0691@gmail.com
페이스북 facebook.com/kyujangbook
카카오스토리 story.kakao.com/kyujangbook
등록일 1978.8.14. 제1-22

홈페이지 www.kyujang.com
인스타그램 instagram.com/kyujang_com

책값 뒤표지에 있습니다.
ISBN 978-89-6097-559-0 03230

규 | 장 | 수 | 칙

1. 기도로 기획하고 기도로 제작한다.
2. 오직 그리스도의 성품을 사모하는 독자가 원하고 필요로 하는 책만을 출판한다.
3. 한 활자 한 문장에 온 정성을 쏟는다.
4. 성실과 정확을 생명으로 삼고 일한다.
5. 긍정적이며 적극적인 신앙과 신행일치에의 안내자의 사명을 다한다.
6. 충고와 조언을 항상 감사로 경청한다.
7. 지상목표는 문서선교에 있다.

하나님을 사랑하는 자 곧 그의 뜻대로 부르심을 입은 자들에게는 모든 것이 合力하여 善을 이루느니라(롬 8:28)

규장은 문서를 통해 복음전파와 신앙교육에 주력하는 국제적 출판사들의
협의체인 복음주의출판협회(E.C.P.A:Evangelical Christian Publishers
Association)의 출판정신에 동참하는 회원(Associate Member)입니다.